beck'sche reihe

bsr

„Die Gerichtssprache ist deutsch“, heißt es lapidar im Gerichtsverfassungsgesetz. Zu stilistischen Anforderungen schweigt das Gesetz – zu Unrecht, wie die vorliegende Sammlung juristischer Stilblüten beweist. Wilfried Ahrens hat hier das Beste aus seinen Funden von Sprachkuriositäten in juristischen Schriftsätzen, Polizeiberichten, Urteilen und Eingaben der Bürger zusammengestellt. „Der Geschädigte stellte Strafantrag und liegt dem Vorgang bei“ ist schon fast ein Klassiker. Es ist von den Aldi-Tüten (Attitüden) eines Zeugen die Rede, der noch dazu bei den sieben Zwergen (Siemens-Werken) arbeitet – eine Sternstunde juristischer Protokollkunst. „Der Angeklagte ist Beamter, verheiratet mit einem Kind“ – Kommafehler oder bedenkliche Familienverhältnisse? Das Buch ist ein Kompendium der sprachlichen Minderleistung: belehrend, kein bißchen boshaft, und obendrein ein getreues Spiegelbild der Justiz und ihrer „Vollzugsorkane“.

Wilfried Ahrens, Jahrgang 1950, ist promovierter Jurist und als Oberstaatsanwalt bei der Staatsanwaltschaft Göttingen tätig. Er ist verheiratet und hat eine Tochter. Von seinen Leidenschaften gibt er noch so viel preis: Jazz, spannende literarische Bücher und eben – Humor. Bei C.H.Beck erschien außerdem: „Der Unfallort hat sich bereits entfernt. Neue juristische Stilblüten“ ([2]2003).

Wilfried Ahrens

Der Geschädigte liegt dem Vorgang bei

oder die besten juristischen Stilblüten

Verlag C.H. Beck

Die ersten beiden Auflagen dieses Buches erschienen im Jahr 2000.
3. Auflage. 2001
4. Auflage. 2003

Fünfte Auflage. 2004
(Limitierte Sonderausgabe)

Gesamtherstellung: Druckerei C. H. Beck, Nördlingen
Umschlagabbildung: Jussi Steudle, +malsy, Bremen
Umschlagentwurf: +malsy, Bremen
Printed in Germany
ISBN 3 406 51119 8

www.beck.de

Inhalt

Vorwort

Schon zu Schulzeiten habe ich mich als leidenschaftlicher Stilblütenpflücker und Kuriositätenjäger entpuppt; auch mein Repetitor im Jurastudium war nicht vor mir sicher. Als ich dann plötzlich in einem seriösen Berufsleben stand, hatte dies erwartungsgemäß keinen Einfluß auf meine Neigungen. Also sammelte ich weiter. Erfreut haben wir uns an den Trophäen und Kleinodien dieser neuen Epoche allerdings stets nur in Fachkreisen.

Das sollte sich erst im November 1998 ändern, als ich mich auf dem Tag der offenen Tür bei der Göttinger Justiz erstmals auch an ein „normales" Publikum wandte. Es war begeistert, so urteilte jedenfalls der NDR. Und eben jener Sender war es auch, der dann einen kleinen Beitrag mit mir produzierte. Die Resonanz bei den Hörern war so positiv, daß ich mich ermutigt fühlte, an eine Veröffentlichung zu denken. Sie halten sie in Händen.

Versprochen werden Ihnen in diesem Buch Stilblüten und Kuriositäten rund um Justitia. Dazu habe ich Ihnen das Beste aus meinem Fundus zusammengestellt. Ernste Dinge haben eben mitunter auch eine komische Seite. Und Juristen, ebenso wie Polizeibeamte, sind auch nur Menschen. Das wird vielleicht das Fazit sein, das Branchenferne aus der Lektüre für sich ziehen können, neben dem Nutzen für alle, daß Lachen gesund ist.

Ich wünsche mir, daß dieses Lachen, auch wenn bisweilen eine natürliche Schadenfreude mitschwingen wird, nie in Häme abgleitet. Dazu besteht im übrigen auch kein Anlaß, denn alle – vom betroffenen Bürger bis hin zum ehrwürdigen Gericht –, alle kommen wir irgendwie mit unseren Schwächen und Blößen in diesem Buch vor.

Noch ein Hinweis: Die Erwähnung von Namen habe ich generell gemieden. Wo eine Nennung sinnvoll erschien, wurden, um Schuldige und Unschuldige zu schützen, Namen selbstverständlich geändert. Die Namen im 1. und 12. Kapitel (alles Unschuldige!) sowie der Hengst- und die Katzennamen sind allerdings echt.

Zu großem Dank verpflichtet bin ich all denen, die mit viel Sinn für Humor ebenfalls die Augen offen hielten. Ihnen ist dieses Buch gewidmet.

Wilfried Ahrens

1. Klassisches

Dieses Buch lebt ganz wesentlich von Stilblüten. Was darunter zu verstehen ist, das wissen Sie alle. Eine ungeschickte Wortwahl, mitunter die Verballhornung von Fremdwörtern, eine grammatikalisch verquere Verquikkung oder auch die Verkennung der Doppelbödigkeit von Wortbedeutungen, kurz, der Stil ist es, der die Blüten treibt, an denen wir uns erfreuen können.

Da haben wir zum Beispiel diesen Satz aus einem Urteil:

In diesem Moment erschien der Freund der Zeugin, der daraufhin dem Angeklagten zunächst den Wäscheständer. wegnahm und anschließend selbst noch in eine Rangelei mit diesem verwickelt wurde.

Oder diesen Satz:

Der Angeklagte ist Gehaltsempfänger nach A 13 in der höchsten Altersstufe, verheiratet mit einem Kind.

Jung gefreit hat niemand gereut, sagt das Sprichwort zwar. Aber stimmt das wirklich? Aus einem anderen Urteil:

Im Alter von 6 Jahren ließen sich die Eltern des Angeklagten scheiden.

Die Formulierung, jemand habe bei einer Auseinandersetzung bestimmte Verletzungen davongetragen, ist sicherlich korrekt. Was aber halten Sie von diesem Anklagesatz?

... indem der Angeschuldigte den Zeugen vorn an der Jacke packte und gegen die Kante eines Containers stieß, so daß der Geschädigte eine klopfschmerzhafte Wirbelsäule davontrug.

Aus einem Polizeivermerk:

Kevin besucht die Orientierungsstufe. Er scheint seinem Alter entsprechend geistig zurückgeblieben zu sein.

Staatsanwaltliche Stellungnahme:

Die Schlüsse, die die Kammer aus der Unterwäsche der Zeugin zieht, können nicht überzeugen.

Aus einem Wrasenabzug, also einem Dunstabzug, für eine Imbißtheke machte ein Zeitgenosse das, was über dem Rednerpult manch eines Politikers installiert zu werden verdiente, nämlich einen

Phrasenabzug

In dieses Kapitel der einführenden Beispiele gehört auch die Formulierung aus einem Polizeibericht:

Die Fahrräder sind untereinander bekannt.

Gemeint war natürlich der Wissensstand der Fahrradbesitzer.

Geradezu klassisch ist diese Stilblüte:

Der Geschädigte stellte Strafantrag und liegt dem Vorgang bei.

Aufhorchen läßt, wenn jemand fordert, es müsse

endlich einmal mit der politischen Faust auf den Tisch geschlagen werden.

Manche Stilblüte gedeiht erst in der Phantasie des Lesers.

Ich wohne bei meiner Freundin. Meine Freundin erwartet Zwillinge. Ich bin der Vater. Ich mache Krafttraining.

Natürlich gibt es auch Stilblüten, die durch schlichte Tippfehler entstehen.

An dem Tag hatten 2 Teilzeitkräfte Dienst, die beide wissen, daß kein Gekacktes über Nacht im Kühlschrank liegen darf.

Es ging um einen Verstoß gegen die recht strenge Hackfleisch-Verordnung.

Bleiben wir noch einen Moment bei dieser Materie. Aus einem Hauptverhandlungsprotokoll:

Beschlossen und verkündet:

1. *Das Verfahren wird ausgesetzt.*
2. *Durch die Staatsanwaltschaft wird ein Verfahren gegen den Zeugen S. eingeleitet, der nach Angaben des Verteidigers für die Herstellung der angeklagten Frikadellen verantwortlich sein soll.*

In derartigen Verfahren geht es also nicht selten sehr streitig zu. Da verwundert kaum die Freud'sche Diktatleistung eines Staatsanwalts, der eigentlich die Zulassung seiner Anklageschrift und die Eröffnung des Hauptverfahrens hätte erstreben sollen, tatsächlich aber beantragte,

das Hackverfahren vor dem Amtsgericht zu eröffnen.

Und wer Sinn für ganz leisen Humor hat, der wird vielleicht schmunzeln, wenn er hört, daß ein

Polizeikommissar Reuber

heißt oder ein verängstigter

Zeuge Zitter,

wenn als Verteidiger ein

Rechtsanwalt Dr. Mörder

auftritt oder wenn schließlich ein Polizeibeamter vom Dienstgrad eines Polizeiobermeisters den Nachnamen Fritz trägt, abgekürzt:

POM Fritz.

2. Ladendiebstahl

Aus einer polizeilichen Strafanzeige:

STRAF-TAT	Kriminolog. Bezeichng.	Diebstahl
	gemäß §§	242 StGB

TATMITTEL (z.B. Messer, Pistole, Zange)	Hände
TATBEGEHUNGSWEISE (in Stichworten; z.B. Entreißen, Aufhebeln, Einschlagen, Auflauern)	Wegnehmen

Ladendiebstahl ist ein weit verbreitetes Phänomen. Nicht nur die verführerische Präsentation der Waren, auch deren Bezeichnung muß als Ursache in Betracht gezogen werden.

Strafbefehl
Die Staatsanwaltschaft beschuldigt Sie, eine fremde bewegliche Sache einem anderen in der Absicht weggenommen zu haben, dieselbe sich rechtswidrig zuzueignen, indem Sie bei der Firma Karstadt eine CD „Alles nur geklaut" entwendeten.
Vergehen nach §§ 242, 248a StGB.

Bekanntlich handelte es sich um eine Produktion der Prinzen aus dem Jahr 1993.

Apropos CDs:

In dem Laden habe ich 3 CDs entwendet. Meine Miete (420,– DM) und mein Strom (110,– DM) sind jeden Monat von mir zu leisten. Die CDs habe ich gestohlen, um meinen Ernährungshaushalt, der nicht sehr hoch ist, etwas anzureichern.

Eßbare CDs? Folgerichtig heißt es denn auch weiter:

Die Tat habe ich schon bereut.

Liebe Polizei!
Ich gebe meine Entgleisung von 1,79 DM zu. Ich muß den Verstand nicht beisammen gehabt haben. Ich schäme mich und bereue es sehr.

Hier dagegen eine eher epische Rechtfertigung:

Betreff: Schriftliche Äußerung zur Straftat

Sehr geehrte Damen und Herren,
hiermit möchte ich eine kurze Stellung zu meiner Freveltat nehmen, die ich im Drogeriemarkt begangen habe, um einen kleinen Eindruck zu vermitteln, worin die Ursachen dieser liegen:
Als Schüler dieses Landes ist es zunehmend belastend, sich den täglich steigenden, pekuniären Aufwänden aufzubegehren. Dies fängt bereits mit der sich fast jährlich erhöhenden Mehrwertsteuer oder mit der momentan zahlbaren Intensivierung der Mineralölsteuer, was sich tiefgreifend auf die Finanzen der Schüler und Studenten auswirkt, an.
Dies ist besonders einkerbend auf solche Personen, die ihr

Domizil fern der Stadt haben, da man hierbei, um einer Abhängigkeit und Isolierung durch eine nicht sozial verträgliche Non-Mobilität zu entgehen, auf einen Personenkraftwagen unbedingt angewiesen sein muß. Und eben dieses Faktum ist maßgebend für eine noch straffere Diät bei Schülern und Studenten, zumal nebenbei erwähnt werden muß, daß in diesem Fall mein in Trennung lebender Vater nicht über allzu immense Ressourcen verfügt, um mir mit einem finanziellen Zuschuß beizuwohnen. Eine Situation wie diese verleitet folglich schon automatisch zu einer Nichtwidersetzung der täglichen Versuchung, in einem Supermarkt Gegenstände, die man aufgrund der geldlichen Probleme nicht ehrlich erwerben kann, zu eigen zu machen.

Ich möchte jetzt nicht meine Tat schönreden, aber der Aspekt der steigenden Belastungen von noch nicht gehalterhaltenden Schülern und Studenten ist im Endeffekt den Regierungen zu Lasten zu legen, da diese eine jugendfeindliche Politik in unserem Land führen. Man beachte doch nur einmal die oftmals leeren Plenarsäle des Bundestages, wenn es z. B. um das Thema Jugend und nicht um die Erhöhung der Diäten bei den Desinteresse zeigenden Abgeordneten geht.

Demungeachtet gibt es gegenwärtig übergeordnete Probleme auf der Welt, wenn man sich nur einmal die Grausamkeiten und Barbereien im Kosovogebiet zu Gemüte führt. Aber auch die Gewalt im Landesinneren der Bundesrepublik und der allerorts jederzeit offerierte, gigantische Basar an Drogen sind weitaus beunruhigender, als die belanglose „Straftat“ eines Schülers, dem durch die Fangprämie in Höhe von DM 50,– schon genug Buße zugeteilt wurde.

Ich bedaure letztendlich zutiefst mein Vergehen und hoffe, Ihnen eine kleine Darbietung meiner nicht wieder gut zu machenden Beweggründe gegeben zu haben.

Mit freundlicher Hochachtung

Es ging um den Diebstahl eines After-shaves für 9,99 DM.

Hinter manchem Diebstahl darf getrost Sucht und Eitelkeit vermutet werden.

Ich habe die Flasche Wein in meine Tasche gesteckt, weil meine Nachbarin ins Geschäft kam. Sie ist eine Klatschbase. Als wir an der Kasse standen und den Rest bezahlten, lief mein kleiner Sohn aus dem Geschäft. Ich bekam Angst und lief ihm hinterher. Ich habe nicht mehr an die Flasche Wein gedacht.
Bestrafen Sie mich bitte nicht zu streng, denn ich bin es schon. Ich kann nicht mehr schlafen, das Gerede der Leute, 50,– DM Fangprämie bezahlt und mein Mann ist mir böse.
Ich werde nie wieder etwas wegen anderer Leute verstecken, was ich eigentlich bezahlen wollte.

Die Palette der Motive ist vielfältig.

Aus einer ärztlichen Stellungnahme:
Einen Orgasmus erlebe sie nach wie vor nur, wenn jemand sie beim „Klauen" beobachten würde, dann „gehe ihr einer ab". Wenn jemand dann auf sie zukomme, gehe ihr ein „warmer oder kalter Schauer über den Rücken, das sei wie die Sahne zum Kuchen".

Sie sorge dafür, beim „Klauen" beobachtet zu werden. Wenn es jemand einfach durchgehen lasse, mache sie weiter oder gehe in einen anderen Laden, um dort Aufmerksamkeit für ihr Verhalten zu finden. So habe sie sich schon ca. 10–15 Mal erwischen lassen.

Wir Juristen differenzieren zwischen Diebstahl und lediglich strafloser Gebrauchsanmaßung (sog. furtum usus). Urteilen Sie selbst:

Ich beobachtete als Hausdetektiv, wie der Beschuldigte aus einer Schachtel eine Zahnseide entnahm. Anschließend reinigte er damit seine Zähne. Nach Beendigung dieser Tätigkeit legte er die gebrauchte Zahnseide in die Schachtel zurück.

Der unvergessene Jürgen von Manger, der übrigens neben seiner Schauspielerei ein Jurastudium absolvierte, bevor er mit der Figur des Adolf Tegtmeier bekannt wurde, er ließ eben diesen Tegtmeier als angeklagten „Schwiegermuttermörder" in seinem Schlußwort vor Gericht beteuern, daß er „versuchen werde, durch ein schöneres Leben ... durch meiner Hände Arbeit ... in die menschliche Gesellschaft wieder ... einzudringen."

Auch beim Bagatelldelikt Ladendiebstahl werden bisweilen Ausgleichsvorschläge unterbreitet:

Ich habe wohl ein Blackaut gehabt. Ich bitte Sie höflich, kein Strafverfahren einzuleiten, denn es gibt bestimmt nie wieder eine Wiederholung. Ich möchte mein größtes

Bedauern aussprechen. Ich würde auch vormittags bei Karstadt die Toiletten saubermachen!

Detektive verfügen über eine besonders gute Beobachtungsgabe.

Ich bin Detektiv. Nachdem der Verdacht bestand, daß die Kassiererinnen im Supermarkt Waren unbezahlt durch den Kassengang passieren ließen, wurde ich dort zur Aufklärung eingesetzt. Ich hatte aber mit dem Einbongen der Waren so viel zu tun, daß ich zu Straftaten keine Feststellungen treffen konnte.

Durch intensive Behandlung der Thematik leisten die Schulen ihren Beitrag zur Prävention.

Ich habe 2 Packungen Batterien und ein Antennenkabel unter den Pullover gesteckt. Es kam einfach so. Wir haben so lange über Diebstahl im Religionsunterricht gesprochen, heute habe ich es einfach ausprobiert.

3. Von der Amtssprache und dem Kampf mit derselben

Von der Amtssprache und ihren Tücken und Fallstricken soll dieses Kapitel zeugen. Doch ist es beileibe nicht nur der Bürger, der sich darin verfängt, wenn er beispielsweise die Amtssprache verstehen oder sich ihrer selbst bedienen, sie nachahmen will. Nein, auch die Erfinder und Anwender der Amtssprache gehen ihr auf den Leim. Scheinbar Erhabenes lädt zum Schmunzeln ein. Ich finde das einigermaßen beruhigend, hat es doch mit ausgleichender Gerechtigkeit zu tun.

Aus einem Polizeivermerk:

Die Bl. 9, 10 R, insbesondere 18 der Akten lassen den Schluß zu, daß die b. b. H. (bauartbedingte Höchstgeschwindigkeit) der in Rede stehenden Zugmaschine über 6 km/h liegt.
Die Erwägung eines diesbezüglichen Gutachtens des KFZ durch einen Sachverständigen liegt mangels zeitlicher Dringlichkeit nicht auf Seiten der hiesigen Dienststelle.
Geht man von einer b. b. H. über 6 km/h liegend aus, ergibt sich die Tangierung folgender Rechtsvorschriften:
…

Ein entschlossener Angeklagter schrieb:

Hiermit lege ich schriftlich gegen das oben genannte und gesamte Urteil Berufung ein.
Ich werde durch einen Rechtsanwalt meines Vertrauens, wenn es sein muß, in eine noch höhere Distanz gehen!

Eine fehlerhafte und zu Schadensersatz führende Sachbearbeitung bei der Staatsanwaltschaft war nach ihren eigenen Worten eine

von Amts wegen unrichtige Sachbehandlung.

Der Begriff Zeitnot mutierte in einer Eingabe in einen

schnell schrumpfenden Zeitverbleib.

Weil jemand die Vorwürfe aus einem Strafbefehl bestritt, stilisierte er ihn zum

Strafbefehl mit nichtexistentem Inhalt.

Ein in Pakistan beheimateter Mann wird in einer polizeilichen Anzeige schon mal zum

Partisan.

Tja, und welche Staatsangehörigkeit trägt ein gestreßter Polizeibeamter in den Personalbogen ein, wenn sein Gegenüber angibt, von der Elfenbeinküste zu stammen (Republik Côte d'Ivoire)? Er schreibt:

elfenbeinisch.

Also, niemals schwarz sehen, auch wenn es um eben einen solchen Fahrer geht und das Formular beim Tatort Klartext fordert.

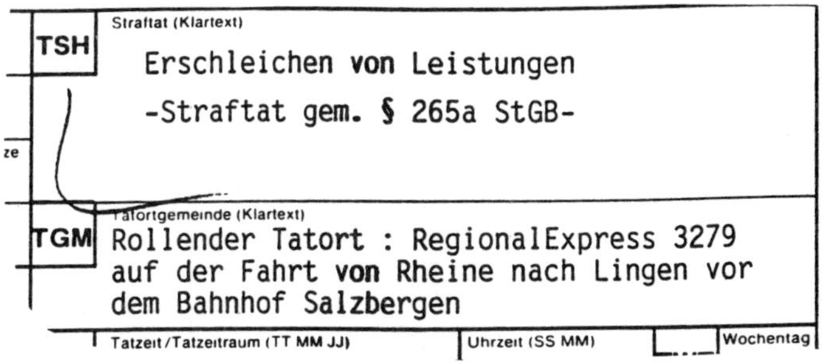

TSH Straftat (Klartext)
Erschleichen von Leistungen
-Straftat gem. § 265a StGB-

TGM Tatortgemeinde (Klartext)
Rollender Tatort : RegionalExpress 3279
auf der Fahrt von Rheine nach Lingen vor
dem Bahnhof Salzbergen

Tatzeit/Tatzeitraum (TT MM JJ) | Uhrzeit (SS MM) | Wochentag

Die persönliche Vernehmung durch die Polizei ist nicht (mehr) die Regel. Bei einfachen Sachverhalten wird oft nur noch Gelegenheit zu einer schriftlichen Äußerung gegeben. Das fällt nicht jedem leicht, zumal wenn man neben der eigenen Beschuldigteneinlassung noch eine Gegenanzeige anbringen will, so wie hier im Fall eines Nachbarschaftsstreites:

Ich möchte gern eine Gegenanzeige machen wegen Lärmbelästigung und Beleidigung. Ich war ein Alkoholiker und ein Arschloch.

Niemand wandert gern hinter Gitter. Im Jugendrecht gibt es den sogenannten Beugearrest, der verhängt wird, wenn jemand beispielsweise seine Geldauflage nicht erfüllt. Dazu der Brief einer engagierten Mutter. Der komplizenhafte Anstiftungsversuch zur Zerstörung von Staatseigentum wirkt allerdings deplaziert.

Wertes Amtsgericht!
Ich schicke Ihnen eine Ablichtung von meinem Sohn Heiner von der letzten Einzahlung, denn das habe ich, die Mutter, eingezahlt. Also würde die Arrestzelle für meinen Jungen ins Wasser fallen. Ich denke doch, daß Sie damit einverstanden sind.

Mit besten Grüßen
verbunden
Manuela May

Andere suchen Haft zu vermeiden, indem sie einen

Knandenandrang

stellen, also einen Gnadenantrag.

Ich bitte, einer Teilzahlung meiner Geldstrafe zuzustimmen. Sollte Ihnen das nicht möglich sein, bitte ich um eine Ersatzfreiheitsstrafe, wenn möglich in einer kirchlichen Einrichtung.

Knast in der Kirche? Das würde zwar Haftplätze sparen, gemeint war allerdings folgendes: Bei Nichtzahlung einer Geldstrafe droht die Ersatzfreiheitsstrafe, und die wollte unser Einsender durch gemeinnützige Arbeit in einer kirchlichen Einrichtung abwenden.

Wer schon einsitzt, hofft auf vorzeitige Entlassung und Aussetzung des Strafrestes zur Bewährung (§ 57 StGB).

Aus der Stellungnahme einer Justizvollzugsanstalt:
Der Gefangene hat folgende Erklärung abgegeben: „Ich will heute noch raus!“
Da der Gefangene nur unzureichende Deutschkenntnisse und Mängel in sonstigen Kulturtechniken aufweist, verstehe ich dies als Antrag gemäß § 57 Abs. 2 StGB.

Das Leben hinter Gittern ist nicht besonders angenehm, und zwar manchmal schon aus

vollzugsorkanischen Gründen (Baumarsnammen),

wie sich jemand mal beschwerte.

Ich erinnere mich noch recht gut, als mir bei der Staatsanwaltschaft seinerzeit diese Aufforderung zuging.

Aktenz.: Ns [redacted] Js [redacted]/85 [redacted] 8720 Schweinfurt, den 7.5.1986

In Sachen .... gegen ....

[redacted]

ist die Erholung der dortigen .... Akten ....

[redacted] Ls [redacted] Js [redacted]/83 ([redacted]/83) u.

[redacted] Ls [redacted] Js [redacted]/84 ([redacted]/84)

angeordnet. Es wird um baldgefl. Übersendung gebeten.

Geschäftsstelle des Landgerichts:

Richter und Beamte haben zwar Anspruch auf Erholungsurlaub, daß aber auch die Erholung von Akten möglich sei, davon hatte ich bis dato nichts gehört. So ganz abwegig erschien mir der Gedanke gleichwohl nicht, fand sich doch in § 199 des Gerichtsverfassungsgesetzes immerhin eine Regelung über die sogenannten Gerichtsferien, ein Begriff übrigens, der beim rechtsuchenden Bürger bis zur Abschaffung dieser Institution Mitte der neunziger Jahre stets Argwohn hervorrief. Während der Gerichtsferien konnten sich Akten zweifellos trefflich erholen. Dumm nur, daß die Gerichtsferien für Strafsachen nicht galten. Also käme, so sinnierte ich, eine Erholung vielleicht dann zustande, wenn während eines Erholungsurlaubs der Vertreter die Akten lediglich „schiebt" …
Ich habe damals diese Überlegungen nicht weiter vertieft und die Akten kurzerhand auf Erholungsreise nach Schweinfurt geschickt. Ähnliche Erholungsanordnungen sind mir später auch nicht mehr unter die Augen gekommen. Bis heute allerdings treibt mich die Frage um, was wohl um alles in der Welt mit

baldgefl.

gemeint gewesen war.

Ganz witzig klingt in meinen Ohren auch – die Eidgenossen mögen mir verzeihen – eine Standardformulierung in schweizerischen Rechtshilfeersuchen, mit denen deutsche Geschwindigkeitssünder aufgespürt und zur Überweisung harter Schweizer Franken angehalten werden sollen. Für den Fall der Zahlung verspricht man ihnen nämlich:

Der fehlbare Fahrzeuglenker kann sich so weitere Umtriebe und Mehrkosten ersparen.

4. Volkstümliches

Das Gegenmittel zur gestelzten Amtssprache könnte in möglichst volksnahen Formulierungen liegen, obgleich, wie wir weiter unten noch sehen werden, Mißverständnisse dadurch nicht gänzlich ausgeschlossen sind.

„Die Gesichter der Angeklagten zeigen vielfach Unverständnis, wenn der Anklagesatz vorgelesen wird. ... (Es) ist somit als erstes eine volkstümliche Sprache zu fordern." Generalstaatsanwalt a.D. Prof. Dr. Heribert Ostendorf, in: Deutsche Richterzeitung 1999, 63.
Lange vor diesem Appell ist die nachfolgende Betrugsanklage tatsächlich so bei Gericht eingegangen und auch verhandelt worden. Beispiele für derart populär Formuliertes sind allerdings vereinzelt geblieben.

..., indem der Angeschuldigte mit dem Zeugen einen Kaufvertrag über einen PKW Diesel für 6000,– DM abschloß, das Fahrzeug abholte, der Aufforderung, Bares auf den Tisch zu legen, nicht nachkam, darauf hinwies, daß die Banken bereits geschlossen hätten, den Zeugen auf Montag vertröstete, ihm noch ein Warndreieck sowie einen Verbandskasten abluchste, mit dem Fahrzeug munter vom Hof fuhr und den Zeugen bis heute mit Sprüchen und Ausflüchten vertröstete, obwohl ihm von Anfang an klar war, daß er von der Bank wegen Kreditunwürdigkeit keinen einzigen Taler zu erwarten hatte.

Die nächste Anklage ist ein Beispiel für offenbar tief im Volksbrauchtum verwurzelte Rituale, über die jedoch vor Gericht nur ungern berichtet wird, wie das angeklagte Delikt zeigt.

... wird angeklagt,
vor Gericht als Zeuge uneidlich falsch ausgesagt zu haben, indem er trotz mehrfacher Belehrung in der Hauptverhandlung als Zeuge der Wahrheit zuwider bekundete, daß in seiner Wohnung niemand in ein Gurkenglas uriniert habe und auch von seiner Seite Derartiges nicht angeregt worden sei, obwohl drei andere Zeugen übereinstimmend bekundet haben, ihnen seien 50 DM pro Person geboten worden, wenn sie in ein leeres Gurkenglas urinierten, woraufhin sie gemeinschaftlich in das Glas urinierten, woraus sich anschließend der Angeschuldigte labte und sich zu guter letzt den Rest über den Kopf goß.
Vergehen, strafbar nach § 153 StGB.

Im Ermittlungsergebnis der Anklage wird ein Belastungszeuge wie folgt zitiert:

Er wisse noch, daß der Angeschuldigte das „ziemlich gefüllte Glas an die Lippen setzte" und auch getrunken habe. Ein Teil sei noch am Mundwinkel des Angeschuldigten herabgetropft; den Rest habe er sich über das Haupt gegossen.

Ein Mann von adligem Geblüt hatte sich seine Zähne sanieren lassen, blieb jedoch dem Zahnarzt das Honorar schuldig. Die anwaltliche Strafanzeige wegen Betruges endete mit den Worten:

Nicht unerwähnt sei abschließend, daß der Beschuldigte aufzutreten pflegt wie „Graf Koks von der Gasanstalt".

Aus einem Feststellungsbericht der Polizei zu einem Ladendiebstahl:

Die Verkäuferin bekam noch mit, daß sich viele Passanten unter die Markise flüchteten und sich vor dem Regenguß in Sicherheit brachten.
Diese äußeren Gegebenheiten haben die beiden angeblich zuvor kaufinteressierten jungen Frauen „eiskalt" zum Bekleidungsdiebstahl genutzt.
Zum Glück wurde der schon berufsbedingt aufmerksame Detektiv des direkt gegenüberliegenden Kaufhauses nicht nur Augenzeuge der dreisten Tat, sondern darüber hinaus auch noch zum „Einfänger" der beiden diebischen Elstern.

Aus einem anwaltlichen Schriftsatz in einer Zivilsache:

Wir haben zur Begründung unseres Berufungsgegenantrages sowie in Erwiderung auf die Berufungsbegründung des Beklagten für die Klägerin noch folgendes vorzutragen:
Es war einmal ein Bäuerlein. Dieses Bäuerlein hatte Ärger mit seinem Nachbarn. Jener Nachbar nämlich verlangte Schadensersatz für einen an unser Bäuerlein verliehenen Krug, den es beschädigt habe. Da ging unser Bäuerlein zum Advokaten, um sich beraten zu lassen, wie es sich gegen diesen Anspruch verteidigen könne. Unser Bäuerlein war dann sehr erstaunt, als es trotz des

kumulativen Einsatzes aller ihm nahegebrachter Argumente äußerst schlechte Karten hatte, indem es nämlich argumentierte, erstens habe es sich von dem Nachbar nie einen Krug geliehen; zweitens sei der Krug bereits beschädigt gewesen, als der Nachbar ihn verlieh; drittens sei der Krug bei der Rückgabe völlig unbeschädigt gewesen.
Eigentlich weiß ich gar nicht, warum mir bei der Lektüre dieser Akte, speziell der Berufungsbegründung des Beklagten, dieses fabelhafte Bäuerlein in den Sinn kam; war es doch wesentlich weniger einfallsreich als unser Beklagter, indem es nämlich, um dessen Niveau zu erreichen, auch noch hätte argumentieren müssen, eigentlich sei der Krug sowieso so alt gewesen, daß etwaige Schadensersatzansprüche verwirkt wären.
Wie auch immer – ich befürchte, dem Beklagten wird es bei richtiger Beurteilung der Sach- und Rechtslage auch nicht anders ergehen als unserem Bäuerlein:
Daß eine Partei berechtigt ist, zu ihrem Hauptvortrag in Widerspruch stehendes Hilfsvorbringen zur Stützung der eigenen Position in einem Rechtsstreit einzuführen, gehört zwar spätestens seit BGHZ 19, 387 zum gesicherten Stand juristischer Erkenntnis. Ich denke allerdings, irgendwo gibt es Grenzen, wenn dergleichen von einer Partei in einer Art und Weise praktiziert wird, daß ihr Prozeßvortrag dadurch den Charakter des Willkürlichen und Beliebigen erhält.
Der Beklagte bestreitet, wenn ich nicht irgend etwas mißverstanden habe, auch in der Berufungsbegründung weiterhin, die Mietkaution überhaupt erhalten zu haben. Er „behauptet" anschließend, die (also doch) erhaltene Mietkaution mit vermeintlichen Mietrückständen und/ oder sonstigen Forderungen gegen die Klägerin verrech-

net zu haben. Er „behauptet“ dann, er habe die (erstens sowieso nicht erhaltene, zweitens durch Verrechnung „dahingeschmolzene“) Kaution an eine spätere Erwerberin des an die Klägerin vermieteten Objekts weitergegeben, weshalb er von der Rückzahlungsverpflichtung befreit worden wäre. Wenn das alles so vielleicht doch nicht richtig sei, so sei es jedenfalls aber hochgradig „unanständig“ von der Klägerin, daß sie sich erdreiste, von ihm ihr Geld wiederhaben zu wollen, nachdem seither ja geraume Zeit ins Land gegangen sein.
Ich denke, was zuviel ist, ist zuviel.

Graphologen sind Leute, die vorgeben, vom Schriftbild eines Menschen auf dessen Charaktereigenschaften schließen zu können. Die Idee eines Verteidigers, auch einmal solch neue Wege der Erkenntnis zu beschreiten, stieß beim Staatsanwalt auf gewisse Reserviertheit.

Zu diesem Beweisantrag sei die Anmerkung gestattet, daß ein Voodoo-Knochenleser zur Frage der Glaubwürdigkeit des Zeugen mindestens ebenso treffliche Anmerkungen machen könnte, wie der von der Verteidigung begehrte Graphologe.

Ein Scheunenbrand. Offensichtlich Brandstiftung. Im Polizeibericht steht, der Eigentümer sei von einem Zeugen auf den Brand aufmerksam gemacht worden,

der im angetrunkenen Zustand eine Fackel in der Hand gehabt habe.

Nun wird ermittelt. Die Ehefrau des Zeugen beteuert, ihr Mann habe den Brand in ihrem Beisein zwar entdeckt, sei auch angetrunken gewesen,

eine Fackel habe ihr Mann aber jedenfalls nicht in der Hand gehabt. Auch dieser selbst habe sich die Behauptung später nicht erklären können.

Und die Polizei weiter:

Der Eigentümer konnte erst nachträglich erreicht werden. Er erklärte hierzu, daß er mit dem Ausdruck „Fackel" eine Alkoholfahne gemeint habe. Keineswegs habe er aber gesagt, „der Zeuge habe eine Fackel in der Hand gehabt". Dies müsse falsch verstanden worden sein.

5. Medizinisches

Man kann heute schon alles mögliche verpflanzen, wie Herzen usw. Vielleicht kann man ja auch schon Gedächtnisse verpflanzen. Aber bei mir ist es wohl bereits zu spät.

Ein Richter war es, der diese Zeilen zerknirscht in seine Akten schrieb. Ihm war zum wiederholten Male etwas in Vergessenheit geraten. Die Äußerung zeugt einerseits von großem Fortschrittsglauben an die Medizin, aber auch von persönlich tiefer Resignation.

Dabei sollte man die Hoffnung nie aufgeben. Es ereignen sich auf medizinischem Sektor immer wieder erstaunliche Dinge. So hieß es in einer Anklage wegen Körperverletzung:

... wodurch die Zeugin Prellungen an der linken Gesichtshälfte sowie Beeinträchtigungen der Hörfunktion ihres linken Auges erlitt.

Und ein anderer konnte berichten:

Meine Mutter ist pflegebedürftig. Sie sieht und hört nur noch auf einem Auge.

Bei Ermittlungen wegen eines Kapitalverbrechens befragte die Polizei die Anwohner eines ganzen Straßenzuges nach möglichen Wahrnehmungen und kam schließlich auch zu einer älteren Dame:

Sie gibt an, daß sie blind sei. Zur tatrelevanten Zeit habe sie ferngesehen. Etwas Ungewöhnliches habe sie nicht gehört.

Es ist häufig von Politikverdrossenheit beim Bürger die Rede. Attraktivität durch neue Kompetenz, so scheint die Devise in den Parteizentralen zu lauten, die mancherorts bereits verfängt.

Aus einem psychiatrischen Bericht:
Die orientierende, klinisch-neurologische Untersuchung durch Herrn Prof. Dr. X ergab Hinweise auf einen Hirnstammdefekt. Eine gebotene, weiterführende Diagnostik verweigerte der Patient mit dem Hinweis, daß er zunächst die Beurteilung der FDP abwarten wolle, in der er nichtzahlendes Mitglied sei.

Das, was landläufig als blaues Auge oder auch Veilchen bezeichnet wird, ist in der Sprache der Mediziner ein Monokelhämatom. Sind beide Augen betroffen, sprechen sie von einem Brillenhämatom.

Anwaltlicher Vortrag:
Das Amtsgericht begründet den Beschluß zur vorläufigen Entziehung der Fahrerlaubnis damit, daß der dringende Verdacht bestehe, die Beschuldigte habe das Fahrzeug geführt, ohne die für sie erforderliche Sehhilfe getragen zu haben.

Diese Einschätzung ist unzutreffend.
Bereits in der Einlassung hatte die Beschuldigte angegeben, daß sie infolge des Unfalls ausweislich der ärztlichen Bescheinigung ein Brillenhämatom erlitten habe. Das Vorliegen eines Brillenhämatoms führt zwangsläufig zu der Überzeugung, daß die Beschuldigte bei dem Verkehrsunfall auch eine Sehhilfe getragen hat.

War dies also zwangsläufig, so erklärt sich das weitere Schicksal der Sehhilfe geradezu zwanglos:

Nach dem Unfallhergang ist es nicht ungewöhnlich, daß die Beschuldigte durch die Aufprallgeschwindigkeit ihre Brille verloren hat. Dafür spricht auch der spätere Fundort der Brille auf dem Armaturenbrett vor der Windschutzscheibe. Es ist ebenfalls nicht ungewöhnlich, daß die Bügel der Brille zusammengeklappt waren. Im Gegenteil: Die Bügel einer Brille fallen regelmäßig zusammen, wenn die Brille abgesetzt und mit den Gläser nach unten abgelegt wird.

Ein älterer Herr hatte angezeigt, er sei vor 3 Jahren bei einer klinischen Ohruntersuchung durch Einsatz

eines neuzeitlichen (noch wenig ausprobierten) Geräts

verletzt worden, was noch in der Klinik einen Gehörsturz mit schlagartiger Gehörverschlechterung von 80 % auf 100 % ausgelöst habe.
Durchgeführt worden war eine sog. elektronystagmographische Untersuchung der Gleichgewichtsorgane. Ob es dabei tatsächlich zu den behaupteten Geschehnissen gekommen war, ließ sich nicht mehr klären. Medizinische Folgeuntersuchungen sprachen jedenfalls dagegen.

Im Einstellungsbescheid der Staatsanwaltschaft wurde dem Anzeigeerstatter auch eine ärztliche Stellungnahme mitgeteilt, wonach die von ihm monierte Untersuchungsmethode keineswegs neu gewesen sei, vielmehr

damals bereits klinischer Standard war und im übrigen die Grundlage der Untersuchung (thermischer Reiz der Gleichgewichtsorgane) schon sehr alt ist und bereits von Hallpike beschrieben und standardisiert wurde.

In seiner Beschwerdeschrift beweist der Anzeigeerstatter zwar, daß er die Kunst des Wortspiels beherrscht, gerät dabei aber auf üble Abwege.

Von dem medizinischen Bluff „Standarduntersuchung" lasse ich mich nicht täuschen, und ich meine, die Staatsanwaltschaft wird vor diesem medizinischen Slogan auch nicht auf die Knie fallen.
Den schlagartigen Gehörsturz direkt bei der Behandlung kann ich klipp und klar und schwarz auf weiß beweisen.
Allein der verblichene Herr Hallpike schaffte es, daß ich durch seine jetzt antike und verunglückte „Erfindung" diesen Gehörsturz erlitten habe, weil die heutigen Ärzte sich immer noch nicht vom Hallodrio-Hallpike, seinen „Wassersprudelungen" und seinem Unsinn trennen können und das alles auch noch als „Standard" übernommen haben.
Daß ein damals 76-jähriger Mensch eben nicht mehr die Kraft eines 20-jährigen hat, das alles vergessen die jungen „Standarten-Führer" der Klinik. Und das muß ich den „Standarten-Medizin-Führern" doch mal unter die Nase reiben. Meine Herren: Weiße Arztkittel sind bald aus der Mode. Braune passen besser für die Standartuntersuchung.

Ich schreibe jetzt gerade an meinem dritten Buch, aber das vierte geplante Buch hat mit Sicherheit den Titel: „Im Schraubstock der technischen medizinischen Geräte" !

Anzeigen wegen tatsächlicher oder vermeintlicher ärztlicher Kunstfehler haben in den letzten Jahren zugenommen. Trotzdem gilt zum Glück immer noch die Regel, daß den Patienten beim Arztbesuch geholfen wird und es nur ganz ausnahmsweise zu schädigendem Fehlverhalten kommt. Zu pessimistisch sah es die Polizei, als sie in einer Anzeige formulierte:

Mehrere Personen hielten den Geschädigten am Boden fest, schlugen und traten auf ihn ein und verletzten ihn dadurch, daß er sich in ärztliche Behandlung begeben mußte.

Sollte ein Mediziner dann doch einmal ernstlich ins Fadenkreuz der Ermittler geraten, so wünscht er sich sicher an seiner Seite das, was ein Schreibfehler bei der Staatsanwaltschaft produzierte, als nämlich die Rede war von

... den beteiligten Ärzten und der Amnestesieschwester.

6. Anwälte

Es gibt zwar viele beredte Beispiele dafür, daß sich Beschuldigte auch ohne anwaltliche Hilfe geschickt zu verteidigen verstehen. So jener Bezieher von Arbeitslosengeld, der ohne Wissen des Arbeitsamtes als Leiter abendlicher Seminare eine ordentliche Stange Geld hinzuverdient und damit einen Leistungsbetrug zum Nachteil der Arbeitsverwaltung begangen hatte:

Ich möchte betonen, daß ich nur für eine bestimmte Zeit am Tag, nämlich für 8 Stunden, Arbeitslosengeld bekomme. Somit ist also die restliche Zeit meine Freizeit, in der ich mich beschäftigen kann, wie ich es für richtig und notwendig halte.

Meistens aber ist es erst ein gestandener Verteidiger, dem mitunter noch Dinge einfallen können, die der Mandant beinahe vergessen hätte.

Aus einer Strafanzeige der Polizei:
Der Beschuldigte steht im Verdacht, auf einer Fahrt im Zugabteil an seinem Glied manipuliert zu haben.
Die Zugführerin teilte mit, andere Fahrgäste hätten sie auf das Verhalten des Beschuldigten angesprochen. Ihr sei dann aufgefallen, daß die Hose des Beschuldigten erheblich abgestanden habe und sein Glied vermutlich in erregtem Zustand gewesen sei. Der Beschuldigte habe die Hose ge-

schlossen gehabt, jedoch an der Hose mit den Händen gerieben. Über seine Oberschenkel habe er eine Jacke gelegt. Nach erfolgter Belehrung sagte der Beschuldigte, daß sein Glied zwar in erregtem Zustand gewesen sei, er jedoch nichts weiter gemacht habe.

Aus dem Schriftsatz der Verteidigung:

Der Beschuldigte hat eine Vorliebe für sogenannte Gummidildos. Auch zum hier maßgeblichen Zeitpunkt befand sich ein solcher Gummidildo in einer Größe von ca. 23–25 cm in seiner Hose, weshalb offensichtlich bei der Zeugin der Eindruck entstanden war, daß das Glied des Beschuldigten erregt war. Die Zeugin hat bestätigt, daß der Beschuldigte eine Jacke über seine Oberschenkel gelegt hatte, so daß die Zeugin gar nicht hätte sehen können, ob der Beschuldigte nun an seinem Glied reibt oder nicht. Der Beschuldigte hat auch nichts weiter gemacht.
Allein die Tatsache, daß der Beschuldigte einen Gummidildo in seiner Hose hatte, stellt nach meiner Auffassung kein straffälliges Verhalten dar, da andererseits in der Öffentlichkeit auch hinzunehmen ist, wenn jemand, gleich ob Mann oder Frau, eine besonders enge Hose trägt, unter welcher sich das Geschlechtsteil abzeichnet, oder eine Frau ohne Büstenhalter unter einer durchsichtigen Bluse sich in der Öffentlichkeit zeigt.
Es wird daher beantragt, das Ermittlungsverfahren gemäß § 170 Abs. 2 StPO einzustellen.

Jugendrichter und Jugendstaatsanwälte sollen, so schreibt es § 37 Jugendgerichtsgesetz vor, erzieherisch befähigt und in der Jugenderziehung erfahren sein. Erzieherische

Qualifikation eines Verteidigers in Jugendsachen wird nicht verlangt. Besitzt er sie, bleibt es ihm unbenommen, sie in seine Arbeit einfließen zu lassen.
Der Jugendrichter hatte die Bewährung widerrufen, weil der verurteilte Heranwachsende der Arbeitsweisung nur mangelhaft nachgekommen war. Die dagegen gerichtete sofortige Beschwerde begründete der Verteidiger gegenüber der Jugendkammer des Landgerichts so:

Mein Mandant ist bereit, die noch offenen Arbeitsstunden nunmehr unverzüglich abzuleisten und sich insoweit mit dem zuständigen Amtsgericht, aber auch mit seinem Bewährungshelfer, in Verbindung zu setzen.
Aus meiner Sicht kann es nicht schaden, wenn die Kammer den Mandanten vor ihrer Entscheidung über die eingelegte Beschwerde noch einmal einbestellt und „ordentlich ins Gebet nimmt".

Nebenbei sei angemerkt, daß das Vertrauen in die Jugenderziehung der eigentlichen Fachleute durchaus auch nicht immer unerschüttert ist.

Hiermit stelle ich Strafantrag auf Strafverfolgung wegen Beleidigung gegen Herrn P. Er beschimpfte mich mehrfach mit den Worten „dumme Göre" bei tätigem Angriff, ohne daß ich dazu einen Grund zum Anlaß gab. Ich fühle mich dadurch mit Nachdruck in meiner Ehre verletzt worden zu sein. Die Darstellung des Geschehens zeige ich auf in der Beilage „Vorfall im Erlebnisbad".
Es ist bekannt, daß der Vater von Herrn P eine gehobene Stelle als Pädagoge bekleidet. Die Äußerung seines Sohnes spricht auch nicht für ihn.
Ich bitte meinem Antrag stattzugeben.

Anwälte und Bestattungsunternehmer leben überwiegend von Fehlern, die andere gemacht haben, hat jemand einmal spitz bemerkt.
Rechtsanwälte begehen aber manchmal auch selbst Fehler, zum Beispiel wenn sie den von Zahlungswillen kündenden blauen Mandantenaugen zu sehr getraut und ohne Vorschuß gearbeitet haben.

Ich fühle mich betrogen. Der Beschuldigte hat mir mit seinen Zahlungsversprechungen mindestens vier Stunden Freizeit bei herrlichstem Sommerwetter „gestohlen".

Haben sich Rechtsanwalt und Mandant erst einmal überworfen, beflügelt das den Umgangston.

Sehr geehrter Herr Rechtsanwalt,
wo und wie Sie aus meinem Schreiben eine „schwerwiegende" Beleidigung herauspopeln wollen, sei Ihnen überlassen. Meine Problematik ist Ihnen dabei scheißegal. Motto: Fassade statt Inhalt. Wie Sie dabei die satte Überheblichkeit Ihrer windigen Firmenpolitik mit Ihrem frommen Christendasein in Einklang bringen, wird für mich immer ein unverständlicher Spagat bleiben. Ich muß mich Ihrer eindeutigen Physiognomie erinnern, um ansatzweise zu verstehen ...

In der Regel aber bilden Anwalt und Klient schon eine Phalanx, was hin und wieder dadurch zum Ausdruck kommt, daß ein Verteidiger ausruft: „Wir bestreiten!" oder: „Der Diebstahl wird eingeräumt. Wir waren es!"

7. Frontfoto und Heimatanwalt

Dies ist die Geschichte vom Frontfoto und dem Heimatanwalt. Mit dem Begriff Frontfoto ist keineswegs eine irgendwie geartete Kriegsberichterstattung gemeint, es sei denn, man wollte unser verträgliches Miteinander auf Straßen und Autobahnen durch derartige Vergleiche diffamieren. Nein, ein Frontfoto ist das Ergebnis dessen, was beinahe jedem Autofahrer irgendwann einmal widerfährt: er wird „geblitzt", zum Beispiel bei einer Geschwindigkeitsüberschreitung, also einer Verkehrsordnungswidrigkeit.

Ein Frontfoto erfaßt klassischerweise das amtliche Kennzeichen und, möglichst deutlich, die Person am Steuer. Über das Kennzeichen wird der Halter festgestellt, und für die Verfolgungsbehörde lautet die Arbeitshypothese jetzt zunächst: Halter = Fahrer. Was ja keineswegs immer stimmen muß. Aber ob man mit seinen Einwänden durchdringt, steht auf einem ganz anderen Blatt.

In unserer Geschichte jedenfalls war ein Bußgeldbescheid ergangen, Einspruch hiergegen eingelegt und die Hauptverhandlung vom Amtsgericht bereits terminiert worden, als sich unser Betroffener nun doch noch zur Beauftragung eines Verteidigers entschloß, und zwar eines Juristen, den er offenbar gut kannte und der ihm schon des öfteren hatte helfen können. Hier kommt nun der Begriff des Heimatanwaltes zum Zuge, man könnte auch von Hausanwalt sprechen. Es ist diese Nähe und Vertrautheit, die einen solchen Anwalt in besonderem Maße befähigt, schon unmittelbar nach Akteneinsicht effektiv tätig zu werden und erste verteidigende Pflöcke einzuschlagen.

Schriftsatz an das Amtsgericht:

Sehr geehrte Damen und Herren,
ich danke für die Akte, die ich anliegend zurückgebe.
Es tut mir leid, die Sache komplizieren zu müssen. Ich kann zwischen der abgebildeten Person, die als Fahrer am Steuer des Wagens sitzt, und meinem Mandanten keinerlei Ähnlichkeit erkennen. Während der abgebildete Mann ein gedunsenes verfettetes Gesicht mit Pausbacken und Doppelkinn sowie, allerdings nicht deutlich erkennbar, sehr schütterem Haarwuchs aufweist, der anscheinend mittels eines Mittelscheitels über erglatzte Kopfpartien gekämmt zu sein scheint, und dessen Augen durch Verfettung zu Schlitzen zugewachsen zu sein scheinen, ist mein Mandant ein sportlich trainierter, schlanker Mann mit schmalem Gesicht ohne Doppelkinn und Pausbacken, mit offenen großen runden Augen und von betont gepflegter Erscheinung.
Auch der Verwandte meines Mandanten, der gelegentlich das zutreffend abgebildete Fahrzeug fährt, ist nicht die abgebildete Person mit den quabbeligen Gesichtszügen.
Ich werde meinen Mandanten in den nächsten Tagen in unsere Praxis bestellen, ihn mit dem Foto konfrontieren und ihn um Erklärung bitten. Ich komme in spätestens 10 Tagen abschließend auf die Sache zurück.
Mit freundlichen Grüßen

Über den Hergang des Besprechungstermins ist nichts bekannt. Nicht ohne Stolz dürfte der Verteidiger auf die ersten Früchte anwaltlicher Kunst hingewiesen haben.
Wie lange danach das Frontfoto betrachtet wurde, verliert sich im Spekulativen. Fest steht nur, daß der nächste Schriftsatz bedeutend kürzer ausfiel:

Der Betroffene erkennt sich auf dem Frontfoto wieder. Er war zur Tatzeit Fahrer des fotografierten Fahrzeugs.

Zugleich wurde um Terminsaufhebung und Entscheidung durch Beschluß gebeten.
Man muß es wohl als etwas zutiefst Menschliches bewerten, wenn jemand bei Steilvorlagen schwach wird und sie verwandelt. So suchen wir denn auch in diesem Auszug aus dem richterlichen Beschluß hinter dem 18. Wort vergeblich einen Punkt:

Der Betroffene hat über seinen Verteidiger in dessen Schriftsatz eingeräumt, der auf dem Frontfoto abgebildete Fahrer zu sein, den sein Verteidiger als einen Mann mit gedunsenem, verfettetem Gesicht mit Pausbacken und Doppelkinn und quabbeligen Gesichtszügen beschreibt, dessen Augen durch Verfettung zu Schlitzen zugewachsen scheinen und der sein schütteres Haar über seine erglatzte Kopfpartie zu kämmen scheint.

8. Von Lügerei, Hochachtung und anderen Grüßen

Eine korrekte Anrede des Bürgers/der Bürgerin in amtlichen Schreiben versteht sich von selbst.

Gleichzeitig sage ich Sie bescheit,
das ich nicht Karoline heißt
sondern Elisabeth, wenn Sie nicht
richtig schreiben oder lesen können, kann
ich nicht dazu.
Das nächste mal werde ich mich
nicht mehr auf Karoline antworten.

Die Erfahrung zeigt, daß schriftliche Umgangsformen durchaus zweckgerichtet eingesetzt werden. So krönte der Verfasser einer Anzeige, mit der er sich ein sofortiges Handeln der Staatsanwaltschaft erhoffte, sein Schreiben so:

Mit meiner tiefsten und zugleich höchsten Verehrung
bin ich Ihr …

Betroffene derart raschen Handelns pflegen im allgemeinen eine andere Diktion:

Nehmt endlich zur Kenntnis, daß ich nie eine Straftat begangen habe, sondern der ganze Quatsch auf Hirnrissigkeit der Staatsanwaltschaft und Lügenadvokaten beruht oder seid Ihr zu dämlich, dieses zu begreifen?
Ich fordere Euch letztmalig auf, Euer Unrecht einzusehen, das Urteil aufzuheben und das Verfahren wegen Rechtswidrigkeit und juristischem Unsinn, Lügerei und Unsachlichkeit in allen Punkten einzustellen, da Ihr als Staatsdiener und Wahrheitsfinder dazu verpflichtet seid.
Weiterhin fröhliches Lügen!!!

Ein anderer faßte seine Erfahrungen so zusammen:

Seit meinem 21. Lebensjahr sind mir vorwiegend beamtete Verbrecher, Lumpen und Banditen gegenübergetreten. Vom Kriegsgericht über Landgericht zum Sozialgericht haben mich alle betrogen und belogen. Ich habe Fehler gemacht, ich habe Professoren vertraut, weil es Beamte waren. Einem Beamten vertraue ich nie wieder. Halbgötter im weißen und im schwarzen Kittel – Ärzte und Richter.

Und ein ebenfalls enttäuschter Bürger klagte:

Da dieser Richter einer der ältesten am Amtsgericht ist, hat er Anrecht auf den Begriff „Altplatzhirsch". Offensichtlich habe ich die große Dummheit begangen, am Image des platzältesten Richters zu rütteln.
Vor einem unangenehmen Zeitgenossen wie mir, der beharrlich sein Recht sucht, schirmt man sich ab und sei es, daß in Grenzsituationen eine Hand die andere wäscht, bis beide dreckig sind!

Kommt es nach anwaltlicher Strafanzeige nicht zur begehrten Ermittlungsaktivität, so bezeichnet ein erboster Rechtsanwalt die Staatsanwälte, deren Behörde „Am Waageplatz“ liegt, schon mal als

tatenlose Waageplätzler.

Trotz aller Enttäuschung wird aber auch Verständnis für die Schwierigkeiten der Verfolgungsbehörden signalisiert:

Sehr geehrter Herr Staatsanwalt,
gegen Ihren Einstellungsbescheid lege ich hiermit Beschwerde ein.
Ich appelliere an Ihr Rechtsempfinden als Mensch und als Staatsanwalt und hoffe, daß Sie sich die Zeit nehmen werden, diese Beschwerde ganz durchzulesen. Leider mußte ich die Erfahrung machen, daß durch die Vielzahl der zu bearbeitenden Rechtsangelegenheiten dies wohl nicht immer möglich ist, wofür ich durchaus Verständnis habe. Jedoch fehlt mir das Verständnis dafür, daß vor Gericht nachweislich gelogen werden darf und niemand etwas dagegen unternimmt.
....
Ich hoffe, daß Sie die Macht und den Willen haben, um gegen diesen Menschen etwas zu unternehmen, denn meine Familie ist nicht allein betroffen.
Ich habe versucht, meine Beschwerde auf das Wesentliche zu reduzieren, obwohl ich noch über eine Vielzahl von widersprüchlichen Aussagen dieses Herrn verfüge.
Ich bedanke mich für die Zeit, die Sie sich genommen haben, und verbleibe, Ihre Antworte erwartend.
Mit freundlichem Gruß

Die Staatsanwaltschaft grüßt zwar manchmal ebenfalls freundlich, doch wirkt das meist zu vertraulich, so daß sie sich auf das eher steife „Hochachtungsvoll" zurückzieht. Macht man sich allerdings den Inhalt dieser Vokabel klar, so geht einem bei einzelnen Adressaten die Floskel nur mühsam über die Diktierlippen. Man möchte dann lieber „Mit der Ihnen gebührenden Hochachtung" oder ähnlich grüßen, was natürlich völlig undenkbar ist. Die Lösung scheint mir ein Einsender gefunden zu haben, der nach Unmutsäußerungen sein Schreiben kühl

Mit normalem Gruß

enden ließ.

Wird auf englisch voller Hochachtung gegrüßt, so schreibt man „Yours faithfully". Eben diese Grußformel fand sich unter einem in englisch abgefaßten Brief, durch den ein Geschäftsmann betrügerisch geschädigt werden sollte. Die Polizei wertete das Schreiben aus, listete in ihrer Strafanzeige die Namen der Beschuldigten auf, die sich aus dem Schreiben ergaben, und beendete ihre Aufstellung mit:

Beschuldigt:
Name: Faithfully
Vorname: Yours
Wohnort: Lagos / Nigeria

9. Polizei

Die Polizei ist viel unterwegs, sei es, wie sie selbst jeweils formuliert hat, bei

Streifenfahrten in einem uniformierten Dienst-PKW,

sei es bei Fahrten

in einem zivil angestrichenen PKW.

Setzt sich diese Unterscheidung im dienstlichen Outfit der Beamten fort, so kann dies das Bild von der Polizei, zumal bei jungen Mitbürgern, untergraben.

Ein Kriminalbeamter vermerkte zur Anhörung eines 6-jährigen:

Michael ist noch sehr kindlich. Ihm mußte erst einmal erklärt werden, daß es auch Polizisten gibt, die keinen „Hut" tragen.

Das Geheimnis erfolgreicher Ermittlungen besteht nicht zuletzt im Gespür für verdächtige Details.

Herr A. ist polizeilich noch nicht in Erscheinung getreten, er wirkt sehr ruhig und besonnen, trägt allerdings an beiden Händen goldfarbene Ringe.

Auch Schnelligkeit ist oft ein Vater des Erfolges – ein Prinzip indes, das sich herumgesprochen hat.

Im Begegnungsverkehr entdeckten wir einen PKW, dessen rückwärtige Beleuchtung defekt war. Beim Wenden des Funkstreifenwagens bemerkte der Fahrer und einzige Insasse des PKW unser Vorhaben. Er beschleunigte und flüchtete auf ein Firmengrundstück. Bei Eintreffen der Funkstreife war der Fahrer fort. Der PKW war unverschlossen und, falls ein Radio im PKW war, so war das Radio auch fort. Vom Radio waren nur noch die Halterung sowie die Kabelstecker für die Lautsprecher vorhanden.

Fahndungsmaßnahmen können bis in die letzten Winkel der Republik führen.

Polizeiliche Aufenthaltsermittlung:
Alfons K. wohnt zur Zeit in B., In den sauren Wiesen, Toilettenhäuschen. Die Örtlichkeit wurde mehrfach angefahren, Alfons K. jedoch nie angetroffen.

Die Straßenbezeichnung wurde im Original wiedergegeben. Es handelt sich also offenbar um eine Örtlichkeit, an der schon immer traditionell ausgetreten wurde, auch als noch gar kein Toilettenhäuschen vorhanden war.

Dazu kurz aus einem anwaltlichen Schriftsatz:

Gegen 18 Uhr 40 verließ mein Mandant das Haus. Er wollte an der direkt vor dem Haus stehenden Linde urinieren. Es handelt sich dabei um eine alte Gewohnheit des Mandanten, der es stets vorzieht, vor der Linde auszutreten.

Aus einem Polizeibericht:

Beim Eintreffen der Beamten befanden sich ca. 10 Personen am Ereignisort. Die beiden Parteien beschimpften sich gegenseitig auf arabisch.
Um eine Deeskalation zu verhindern, wurden zwei weitere Funkstreifenwagen zur Unterstützung angefordert.

Poetische Seiten der Gewalt. Über die Rangelei zwischen einem Polizisten und einer Autofahrerin.

Ich drängte mich mit meinem Oberkörper in das Fahrzeug und griff nach dem Autoschlüssel, kam aber nicht heran. Sie beleidigte mich erneut in der beschriebenen Weise. Als ich überlegte, wie diese Situation am besten zu lösen sei, merkte ich ihren warmen Atem auf meiner linken Hand, danach schmerzte es stark. Im Bewußtsein, daß ich gebissen wurde, packte ich sie in ihren Haaren, um den Biß zu lösen. Dies gelang.

Die Strafverfolgungsorgane stoßen also bei ihrer Arbeit nicht selten auf Vorbehalte in der Bevölkerung. Es gibt aber auch ermutigende Gegenbeispiele.

Polizeilicher Vermerk:
Die Festzunehmende ist psychisch auffällig. Sie liebt Polizeibeamte.
Vollstreckung mit weiblicher Unterstützung ist empfehlenswert.

10. Jenseitiges

Sehr geehrtes Amtsgericht!
Ich muß Ihnen mitteilen, daß mein Mann am 25. Februar verstorben ist und nicht mehr in den Zeugenstand treten kann.

Dabei sind jenseitige Aktivitäten nicht ganz unbekannt. Hierzu einige Beispiele.

Der Tote wollte aus einem Sessel aufstehen und ist dabei tot zusammengebrochen.

In die Funktion der Geschäftsführerin wurde die Angeklagte seinerzeit durch ihren verstorbenen Ehemann gedrängt.

Im letzten Beispiel hatte jemand, nennen wir ihn Alfred Anders, einen falschen Studentenausweis für sich hergestellt und dem Sozialamt zur Erlangung rechtlicher und finanzieller Vorteile vorgelegt.
Die Staatsanwaltschaft beantragte dafür bei Gericht eine Geldstrafe im Wege des Strafbefehls, also in einem schriftlichen Verfahren ohne Hauptverhandlung. Der Richter unterschrieb, und der Strafbefehl wurde durch Niederlegung zugestellt, das heißt der Briefbote traf den Adressaten nicht an, hinterließ ihm jedoch eine Benachrichtigung über die Abholmöglichkeit bei der Post.

Vier Tage später erreichte das Amtsgericht ein Schreiben, verfaßt von einem gewissen – nennen wir ihn: Bernd Bär (Anschrift wie Alfred Anders):

An das Amtsgericht
Betrifft: Nachlaß Alfred Anders
Bezug: Ihre Zustellungsurkunde
Sehr geehrte Damen und Herren,
heute bin ich in den Besitz eines Strafbefehls gelangt, der für meinen verstorbenen Schwager bestimmt war. Letzterer ging mittellos von uns. Überhaupt hat das letzte Hemd ja bekanntlich keine Taschen. Und was er auch immer verbrochen haben mag (wir konnten es ja alle kaum glauben): de mortuis nil nisi bene. (Anm.: Über die Toten nur das Beste)
Gott sei seiner armen Seele gnädig.
Sie werden verstehen, daß eine finanzielle Lösung nun nicht mehr möglich ist.
Gott segne Sie
Bernd Bär
- Anlage -

Die Anlage sah so aus:

Warum?
Alfred Anders
*** 04.11.1971**

Durch einen tragischen Verkehrsunfall wurde Alfred aus unserer Mitte gerissen.

Die Beisetzung fand in aller Stille statt.

Von Kondolenzbezeugungen bitten wir abzusehen.
Die Familie

Nun ist jedem Juristen bekannt, daß der Tod des Angeklagten ein unbehebbares Verfahrenshindernis darstellt, der Fall mithin ebenfalls gestorben ist. Aber ein wenig genauer möchte man es schon wissen.
Also erging Sterbefallanfrage an das Standesamt.
Vom Sterbefall sei dort nichts bekannt, lautete die Antwort.
Die weiteren Geschehnisse erschließen sich aus dieser richterlichen Verfügung:

1. Vermerk:
a) Die Polizei hat heute nach Befragung der Eltern des Angeklagten mitgeteilt, daß diesen vom Tod ihres Sohnes nichts bekannt sei.
b) Das Sozialamt hat auf telefonische Rückfrage mitgeteilt, der Angeklagte habe erst gestern seinen Auszahlschein für die laufende Sozialhilfe abgeholt.
Der Angeklagte weilt also noch unter den Lebenden.
2. Geschäftsstelle mit der Bitte um weitere Veranlassung (Rechtskraftbescheinigung usw.)

Wer vom Arbeitsamt unberechtigt Leistungen bezogen hat und ertappt wird, den erreicht die Aufforderung, die Beträge zurückzuerstatten. Da Geld allerdings die lästige Eigenschaft rascher Verflüchtigung hat, muß das Arbeitsamt seine Hoffnung auf Schadlosstellung oft von vornherein begraben. Vielleicht vor diesem Hintergrund erhob jemand folgerichtig

Widerspruch gegen
Aufhebungs und Bestattungsbescheid

Urteile ergehen im Namen des Volkes. Die Staatsanwaltschaft ist deshalb gut beraten, bei Bemessung ihrer Anträge in der Hauptverhandlung auch die Auswirkungen auf die Rechtsgemeinschaft zu bedenken.

Sitzungsvermerk eines Staatsanwalts:

Nach Antragstellung verstarb der als Zuschauer anwesende Großvater des Angeklagten im Sitzungssaal. Daraufhin Unterbrechung.

Schließlich noch aus der Stellungnahme eines Leitenden Oberstaatsanwalts an das Justizministerium zu einer kostenrechtlichen Problematik:

Daher erlischt die Kostenforderung mit der Zahlung. Für ein „Wiederaufleben" ist – anders als im Neuen Testament – kein Raum.

11. Die Gerichtssprache ist deutsch

„Die Gerichtssprache ist deutsch", heißt es lapidar in § 184 des Gerichtsverfassungsgesetzes. Zu stilistischen Anforderungen schweigt das Gesetz. Doch sind Prägnanz und Präzision für jeden Juristen eine Selbstverständlichkeit.

Hierzu ein Beispiel aus einem Beschluß, mit dem zwei Strafaussetzungen zur Bewährung widerrufen wurden (Daten und Aktenzeichen geändert, Gerichtsorte fiktiv). Während der erste Satz eher durchsichtig und deshalb ein wenig plump wirken mag, entfaltet sich im zweiten Satz unter ausdauernder Darstellungskraft eine Vielschichtigkeit, die sowohl die Komplexität der Materie widerspiegelt als auch durch ihre Klarheit besticht. Es wird empfohlen, diesen Satz in einem Atemzug zu lesen; unterbrechendes Luftschöpfen gefährdet die beschriebene Wirkung.

Die Anträge der Staatsanwaltschaft sind gemäß § 56f Abs. 1 Nr. 1 StGB begründet. Trotz Verbüßung der Hälfte der durch das Urteil des Jugendschöffengerichts Bedorf vom 2. 9. 1991 – 4 Ls 4 Js 39373/90 jug + E – wegen vorsätzlicher Körperverletzung in 3 Fällen verhängten Gesamtstrafe von 1 Jahr und 3 Monaten Freiheitsstrafe bzw. von 2/3 der durch das Urteil des Landgerichts Cestadt vom 7. 5. 1990 – 13 Ns 13 Js 28188/89 – in Verbindung mit dem Urteil des Schöffengerichts Bedorf vom

9. 12. 1989 – 5 Ls 13 Js 28188/89 – wegen vorsätzlicher Körperverletzung in 2 Fällen verhängten Gesamtstrafe von 7 Monaten Freiheitsstrafe, die nach Widerruf der im Urteil vom 7. 5. 1990 bewilligten Strafaussetzung zur Bewährung vollstreckt worden war, und Bewilligung von Strafaussetzung zur Bewährung hinsichtlich des jeweiligen Strafrestes durch den Beschluß der Strafvollstrekkungskammer vom 27. 5. 1992 – 24 StVK 87/92 und 96/92 – sowie trotz Bewilligung von Strafaussetzung zur Bewährung auch hinsichtlich des letzten Drittels der durch das Urteil des Schöffengerichts in Bedorf vom 25. 10. 1994 – 5 Ls 4 Js 9725/94 – wegen in der Nacht zum 25. 2. 1994 begangener Beleidigung und Körperverletzung verhängten Gesamtstrafe von 11 Monaten Freiheitsstrafe sowie trotz Verlängerung der im Beschluß der Strafvollstreckungskammer vom 27. 5. 1992 – 24 StVK 87/92 und 96/92 – auf 3 Jahre festgesetzten Bewährungszeit um ein weiteres Jahr auf 4 Jahre durch den Beschluß der Strafvollstreckungskammer vom 2. 8. 1995 – 24 BRs 90/92 und 91/92 – aufgrund der Verurteilung wegen in der Bewährungszeit begangener und zum Teil einschlägiger Straftaten zu Freiheitsstrafe ohne Strafaussetzung zur Bewährung durch das Urteil vom 24. 10. 1994 und der durch die Verlängerung der Bewährungszeit erteilten Warnung vor abermaliger Straffälligkeit in der Bewährungszeit und obwohl er nach der durch den Beschluß der Strafvollstreckungskammer vom 28. 6. 1995 angeordneten bedingten Entlassung nach Verbüßung von 2/3 der durch das Urteil vom 15. 10. 1994 verhängten Freiheitsstrafe am 3. 7. 1995 hinsichtlich von insgesamt 3 Strafresten unter Strafaussetzung zur Bewährung stand, ist der Verurteilte schon 6 Wochen nach der bedingten

Entlassung aus der Strafhaft am 3. 7. 1995 ein weiteres Mal einschlägig straffällig geworden und hat dadurch gezeigt, daß sich die Erwartung, die der Bewilligung von Strafaussetzung zur Bewährung durch die Beschlüsse der Strafvollstreckungskammer vom 27. 5. 1992 bzw. vom 28. 6. 1995 jeweils zugrunde lag, nicht erfüllt hat.

Wer die deutsche Sprache nur unzulänglich spricht oder versteht, hat bei Vernehmungen Anspruch auf einen Dolmetscher. Wird Deutsch dagegen ausreichend beherrscht, kann auf einen solchen verzichtet werden. Da es über dieser Frage später zum Streit kommen kann, empfiehlt sich eine Äußerung des Vernehmungsbeamten zur Frage der Verständigung, auch auf die Gefahr hin, daß sich dabei Sprachprobleme ganz neuer Art auftun können:

Herr H. ist der deutschen Sprache nicht voll ausgebildet, konnte aber der Sachlage folgen und verstand den gemachten Vorwurf.

Dolmetscher sind auf die Schnelle nicht immer verfügbar, ihr Einsatz zudem natürlich mit Kosten verbunden. Geht es nur um einen geringfügigen Ladendiebstahl, wie im nächsten Fall, begegnet man auch schon mal unkonventionellen Lösungen.
Der Ertappte stammte aus Nahost und verstand kein Wort Deutsch. Seine unterschriebene polizeiliche Aussage lautete:

Ich gebe die mir zur Last gelegte Tat zu; in meinem Fall entwendete ich in Diebstahlsabsicht 1 Packung Zigaretten der Marke Teerix, 1 Packung Zigaretten der Marke Karzi, einen Rahm-Camembert sowie einen normalen Camembert im Einkaufs-Center.

vorgelesen, verstanden und unterschrieben

....

Dann folgte dieser Vermerk:

Aus Gründen der Verhältnismäßigkeit wurde auf die Hinzuziehung eines Dolmetschers verzichtet. Durch das Wort „Zappzarapp" und entsprechende Wegnahmegestik wurden dem Beschuldigten Diebstahlsvorhaltungen gemacht. Der Beschuldigte bestätigte diese Vorhaltungen durch Kopfnicken. Die Aussagebelehrung hat er ebenfalls verstanden.

Aus einer übersetzten Beschuldigteneinlassung:

Ich habe nicht gesagt, daß Frau Müller ein altes Dreckschwein ist. Sie lügt. Ich habe nur Schwein gesagt, ich kann doch nicht so gut deutsch sprechen.

Der Diskurs um die multikulturelle Gesellschaft ist in vieler Munde. Manchem erscheint sie offenbar zumindest multikoloriert.

Ich lebe seit 9 Jahren in Buntes Republik Deutschland.

12. Geschrieben wie gehört

Obwohl es Rechtsprechung heißt, ereignet sich Rechtsfindung ganz überwiegend auf papierener Grundlage. Es wird also sehr viel geschrieben bei Gericht, in Anwaltskanzleien und bei der Staatsanwaltschaft. In der Regel werden die Sachen auf Band diktiert und von Schreibkräften zu Papier gebracht. Bei der Polizei wird meist selbst geschrieben. Die akustische Qualität der Diktate ist mitunter schlecht, der Druck des Tagesgeschäfts groß, und so wird manches halt geschrieben wie gehört. Ob Diktierende bei Unterschriftsleistung ihr Werk noch einmal überprüfen, scheint Gewissensfrage zu sein.
Hier einige Beispiele für auf diese Weise aufgegangene Stilblüten.

Der Vorschlaghammer kann als Pfundsache behandelt werden.

Er wog wahrlich mehr als 500 Gramm, sollte aber trotzdem in die Fundliste eingetragen werden.

Ich beziehe mich auf die Korrospotenz mit Ihrem Haus.

Wurde hier womöglich schon an den Feierabend gedacht?

Bitte übersenden Sie uns die Quittung umgehend zum hiesigen Verfahren. Sollten Sie die Quittung nicht frei-

willig herausgeben, werden wir Sie beschlagnahmen lassen.

Bekanntlich bleibt auch nach der Rechtschreibreform die Höflichkeitsanrede groß.

Sehr geehrter Herr Professor,
es soll ein Sachverständigengutachten zu der Frage erstattet werden, ob es bei Behandlung der Patientin im Kreiskrankenhaus bis zu Ihrem Ableben im Klinikum zu Verstößen gegen die Regeln der ärztlichen Kunst gekommen ist.

Oberstaatsanwalt wird OStA abgekürzt. Gehört der OStA einer anderen Behörde an und sind seine Person und Funktion der Schreibkraft nicht vertraut, so kann es schon einmal zu einer Umtaufung kommen.

Oskar Büermann meint sich zu entsinnen, daß ....

Umgekehrt kenne ich einen Kollegen namens Haase, der es vorgezogen hat, Vorsitzender Richter am Landgericht zu werden, vielleicht auch aus der Überlegung heraus, daß seine Dienstbezeichnung in vergleichbarer Position bei der Staatsanwaltschaft so lauten würde:

OStA Haase

Aus einer Anklage:

... wobei er mit seinem PKW gegen die linke Fahrradtür stieß und dadurch Reparaturkosten in Höhe von 2.310,96 DM verursachte.

Es war jedoch keine wertvolle Rikscha, die hier ramponiert wurde.

Die Mühlen der Justiz mahlen langsam, oft zu langsam, lautet eine immer wieder gehörte Kritik. Ob dem wirklich so ist und wer oder was gegebenenfalls im einzelnen die Schuld daran trüge, will ich hier einmal dahingestellt sein lassen. Jedenfalls scheint manchmal selbst Angehörige des Justizapparates eine derartige Ahnung zu beschleichen. Wie anders erklärte sich wohl, was dem Vorsitzenden einer Kammer für Handelssachen widerfuhr, der in ein Urteil etwas über eine uneidliche Zeugenvernehmung diktiert hatte, bei Durchsicht der Reinschrift jedoch lesen mußte:

Die Kammer hat durch unendliche Vernehmung des Zeugen X Beweis erhoben.

Ein Rechtsanwalt wollte sich in einem Schriftsatz besonders elegant ausdrücken. In seinem Diktat machte er Ausführungen zu einem Zeugen und dessen Attitüden. Im Schriftsatz, der bei Gericht einging, hieß es allerdings:

der Zeuge und seine Aldi-Tüten

Ein Hauptverhandlungsprotokoll behauptete:

Der Angeklagte arbeitet bei den 7 Zwergen.

In Wahrheit beschäftigten ihn die Siemens-Werke. Geschrieben wie gehört.

Und schließlich noch aus einem selbst ausgefüllten Personalbogen:

Beruf: ELKAWE FAHRA

13. Alkohol

Die enthemmende Wirkung des Alkohols ist gerichtsbekannt.

Hiermit stelle ich Strafantrag gegen die Person, die bei uns im Gebäude als Putzfrau arbeitet. Diese Person beschuldigte mich in Gegenwart von 3 Zeugen, daß ich, so wörtlich: „Du hast mir deinen Schwanz gezeigt, gestern und heute."
Ich habe dieser Frau niemals mein Glied gezeigt, das bestreite ich ausdrücklich. Bitte prüfen Sie nach, ob diese Person während der Putzzeit unter Alkoholeinfluß steht.

Unter Alkoholeinfluß fallen nicht nur Hemmungen.

Aus der Anzeige eines Polizeibeamten:
Ich konnte von weitem beobachten, wie die beiden Beschuldigten, augenscheinlich stark angetrunken, auf dem Marktplatz die Mitglieder einer Trachtengruppe anpöbelten. Die Frau zog sodann ihre Hose nach unten und zeigte ihren Unterkörper. Weiterhin zog sie sich ihr T-Shirt über den Kopf und zeigte den zahlreichen Passanten, darunter auch Kinder, ihren nackten Oberkörper.
Zeitgleich zog der Mann seine Hose bis zu den Knien herunter und zeigte ebenfalls seinen Unterkörper. Bei der später durchgeführten körperlichen Durchsuchung wurde festgestellt, daß er unter der Hose keine Unterwäsche trug.

Schriftliche Einlassung der Frau:

Da es an diesem Tage sehr heiß war, habe ich mein T-Shirt ausgezogen und es unter meiner Brust zusammengeknotet. Daß dies sich nicht ziemt, wußte ich nicht.

Und er:

Ich gebe schon zu, daß mir mein Sitzen der Hosengürtel immer aufgeht und daß mir dadurch die Hose runterrutscht. Das passiert mir aber nicht mit Absicht.

Alkoholabusus gefährdet nicht nur die oft zitierte Weisheit des Alters, auch die Schlagfertigkeit läßt nach.

Meine Tochter besuchte am Freitagabend den Opa und die Oma. Beide waren an diesem Abend volltrunken, wie jeden Abend, eigentlich normal. Meine Tochter mußte mit ansehen, wie der Opa die Oma schlug und dabei auch meine Tochter traf. Meine Tochter lief vor Angst weg und kam verheult nach Hause.

Ein Polizeibeamter über die Festnahme eines Betrunkenen:

Um es in der Gaststätte nicht zu Tätlichkeiten kommen zu lassen, stieß ich fest gegen seine Brust, so daß er rückwärts aus der Gaststätte torkelte.

Die Polizei wird zu einer häuslichen Auseinandersetzung gerufen. Aus ihrem Bericht:

In der Vergangenheit habe man schon mehrfach Streit gehabt, weil die Ehefrau des Beschuldigten Alkoholikerin sei, die Wohnung verkommen lasse und sich nicht um die Erziehung des fünfjährigen Sohnes kümmern würde.
Der Sachverhalt bezüglich der mangelhaften Kindererziehung sei dem Jugendamt auch schon mitgeteilt worden. Dieses sei tätig geworden und habe die Kindesmutter zur Aufnahme einer Erziehungskur aufgefordert.

Aus der Aussage eines Taxifahrers:

Der Fahrer des PKW-Golf wechselte ohne Blinkzeichen plötzlich die Fahrspur, so daß ich stark abbremsen mußte, um einen Unfall zu vermeiden. Bis zur nächsten Ampel fuhr er in Schlangenlinien. Ich lief hin und klopfte an die Fahrerscheibe. Der Mann saß nach vorn gebeugt auf dem Sitz.
Als ich fragte, ob er „besoffen Auto fährt", lallte er nur, und ich konnte eine Alkoholfahne riechen. Dann kam Grünlicht, und er fuhr weiter. Über Funktelefon verständigte ich die Polizei und teilte das Kennzeichen mit.

Die Polizei startete sofort eine Halterabfrage, fuhr zur mitgeteilten Adresse und stellte in der Wohnung den Golf-Fahrer fest, welcher dort höchstens eine halbe Stunde vorher eingetroffen war. Die veranlaßte Blutprobe ergab einen Promillewert von 2,92.

Ein eindeutiger Fall? Chancenlos für den Beschuldigten? Nicht nach Ansicht der engagierten Verteidigerin:

Der Mandant hat vor der Fahrt keinerlei Alkohol konsumiert. Alkohol in Form von Wodka nahm er erst zu

sich, als er wieder zu Hause war. Die Familie hatte mit dem Abendbrot auf ihn gewartet. Bei diesem Abendessen wurde – wie in Rußland üblich – Wodka getrunken. Aus einer 0,7 l – Flasche Wodka nahmen die Ehefrau und die Schwiegermutter zusammen lediglich 6 cl zu sich (3 Gläser zu je 2 cl). Den gesamten Rest trank der Beschuldigte zum Abendessen. Für westeuropäische Verhältnisse mag das Trinken von Wodka zum Abendessen ungewöhnlich sein; dies entspricht jedoch russischen Gebräuchen. Es ist nicht ungewöhnlich und kommt regelmäßig vor, daß der Mandant am Wochenende zum Abendessen eine Flasche Wodka trinkt, wobei seine Ehefrau und die Schwiegermutter in den bezeichneten Mengen mittrinken.
Den plötzlichen Fahrstreifenwechsel vermag der Mandant weder zu bestreiten noch zu bestätigen. Tatsache ist, daß ein etwaiges Wechseln des Fahrstreifens nicht auf Alkoholgenuß zurückzuführen ist. Zu erklären wäre er damit, daß es sich in diesem Streckenabschnitt um eine Kurve handelt. Zur Fahrzeit war es dunkel, so daß ein Fahrstreifenwechsel aus Unachtsamkeit vorkommen kann.
Es wird Einstellung des Verfahrens beantragt.

Blutproben dürfen nur von Ärzten entnommen werden, die dazu oft zu nachtschlafender Zeit auf die Polizeiwachen gerufen werden.
Neben der eigentlichen Blutentnahme sind vom Arzt in einem Formular weitere Untersuchungsbefunde festzuhalten, etwa zur körperlichen Koordinationsfähigkeit (Finger-Finger-Probe, Nasen-Finger-Probe usw.), aber auch zum Bewußtsein, zu Denkablauf und Verhalten sowie schließlich noch zur Stimmung des Ertappten.

Vier Kategorien sind für die Stimmungslage vorgegeben: unauffällig, depressiv, stumpf oder gereizt. Eine angesichts der Situation recht realistische Palette, die bislang stets ausreichte. Nur in einem mir bekannten Fall sah sich ein Arzt gezwungen, ein weiteres Kästchen zu malen, es sorgfältig anzukreuzen und dahinter zu vermerken:

☒ fröhlich

Leider ist nicht überliefert, welcher Stimmung unser Zeitgenosse in der späteren Hauptverhandlung war.

Nicht nur im Straßenverkehrsbereich spielt Alkoholmißbrauch eine Rolle.
Aus der Vernehmung einer Zeugin, Inhaberin einer kleinen Hotelpension, die einem Einmietbetrüger und Zechpreller auf die Schliche gekommen war:

Vorgestern abend und gestern abend trank der Herr in unserem Haus insgesamt 15 Flaschen Bier und 13 Schnäpse. Es ist eigentlich unüblich, daß Hausgäste so sehr viel Alkohol zu sich nehmen. Der Herr hatte zwar anderen Gästen angeboten, einige Runden auszugeben. Das haben die Hausgäste jedoch nicht angenommen.

Und die eingeschaltete Polizei schrieb:

Die Vorführung beim Haftrichter ist erst morgen möglich. Bis dahin bleibt der Beschuldigte im Polizeigewahrsam. Anläßlich seiner verantwortlichen Vernehmung erklärte der Beschuldigte, er sei Alkoholiker und „Spiegeltrinker“.

Er komme in den Entzug, wenn er nicht regelmäßig Alkohol trinke. Vorsorglich wurde auf Wunsch des Beschuldigten ein Arzt bestellt. Nach Untersuchung verordnete dieser zur Beruhigung Alkohol.

Beruht die Begehung einer Straftat auf einem Hang zum Alkoholmißbrauch, so kann das Gericht unter bestimmten Voraussetzungen die Unterbringung des Verurteilten in einer Entziehungsanstalt anordnen (manchmal respektlos auch als „Trockenschleuder" bezeichnet). Andauernde Therapiewilligkeit ist allerdings Erfolgsvoraussetzung.

Ich möchte hiermit meine Erledigung beantragen, da die Voraussetzungen einer weiteren Therapie nicht mehr gegeben sind.

Vielleicht kommt es auch nur zu einer Therapieweisung im Rahmen einer Bewährung. Zumindest aber wird an Gefährdete appelliert, ihre Alkoholproblematik mit Hilfe von Suchtberatern, Selbsthilfegruppen oder dergleichen aufzuarbeiten.
Bewährungshelfer nehmen aufgrund ihrer regelmäßigen Kontakte zu den Verurteilten Fortschritte im Konsumverhalten ziemlich gut wahr. Über ihre Eindrücke berichten sie den die Bewährungsaufsicht führenden Gerichten manchmal in durchaus offener Form.

Heute kommt nun der Proband voll besoffen wie eine Haubitze in die Sprechstunde. Er lärmt schon den Treppenaufgang herauf. Dann knallt er eine Flasche Bier auf den Schreibtisch, öffnet sie mit entsprechendem Getöse und läßt sich das kühle Naß die Kehle hinuntergluckern. Wahrscheinlich hat er jetzt auf meine Reaktion gewartet.

Ich habe lediglich „Prost" gesagt. Im Laufe des Gesprächs holte er dann noch eine zweite Halbliterflasche Bier aus dem Ärmel und trank diese auch noch aus, wobei er den Rest draußen vor der Tür trank. Beide Flaschen ließ er mir stehen.
Letztlich expedierte ich ihn doch vor die Tür, damit er dort warten möge, bis die Gespräche mit den übrigen Probanden geführt worden seien. Im Laufe der Gespräche hörte ich ihn allerdings dann vor der Tür nicht mehr schimpfen und provozierend rülpsen. Er hatte die Räumlichkeiten verlassen.
Von Kollegen erfuhr ich, daß der Proband sich nach dem Sprechstundenbesuch an mein KFZ gestellt und dieses in ausgiebiger Weise anuriniert habe.
Selbst wenn der Proband zu diesem Zeitpunkt als betrunken angesehen werden kann, ist sein Verhalten bezeichnend. Von guter Zusammenarbeit kann keine Rede sein.

Im Strafvollzug herrscht strenges Alkoholverbot. Aus dem Schreiben eines Verurteilten an die Staatsanwaltschaft:

Hiermit bitte ich in meinem eingestellten Verfahren um Herausgabe von 7 Kisten Bier an folgende Adresse:
Justizvollzugsanstalt Wolfenbüttel

Leider gab es in dem Verfahren kein sichergestelltes Bier. Die Party fiel aus.

14. Verkehr

Aus einer polizeilichen Verkehrsunfallanzeige mit Fahrerflucht:

In der Nacht war ein Wagen von der Fahrbahn abgekommen. An der Unfallstelle war niemand. Nur der Beifahrer, aber dieser war schon im Krankenhaus.

Jemand war auf der Autobahn in einen Stau geraten und nur mühsam und mit stundenlanger Verspätung an sein Ziel gelangt. Er war der Meinung, die Verantwortlichen der Verkehrsleitung hätten rechtzeitiger Umleitungsempfehlungen geben müssen, und erstattete

Strafanzeige wegen empfindlicher Einschränkung der persönlichen Bewegungsfreiheit von Verkehrsteilnehmern.

Die Staatsanwaltschaft wies darauf hin, daß Freiheitsberaubung und Nötigung nur in der vorsätzlichen Begehungsform strafbar sind, für vorsätzliches Handeln indes keine Anhaltspunkte vorlägen, und stellte das Verfahren ein. Dagegen Beschwerde. Offenbar inzwischen juristisch beraten, wurde ausgeführt:

Ich bin der Überzeugung, daß die mit der Verkehrslenkung betrauten Personen sehr wohl in der Lage sind, die Folgen ihrer Handlungen oder ihrer Unterlassungen

richtig zu beurteilen. Wenn daher das objektiv Erforderliche pflichtwidrig unterlassen worden ist, liegt meines Erachtens zum allermindestens Eventualvorsatz vor.

Die Generalstaatsanwaltschaft, von der man solch lockere Töne sonst gar nicht gewohnt ist, stellte fest:

Die Einstellung des Verfahrens ist zu Recht erfolgt.
Im Verständnis Ihrer Strafanzeige stellt sich deren Bearbeitung als unnötige Inanspruchnahme von Justizressourcen dar und wäre insofern ebenfalls eine Form der Freiheitsberaubung. Ihren Eventualvorsatz mögen Sie selbst prüfen.

Polizeilicher Vermerk:

Vor Ort konnte durch die eingesetzten Beamten kein Glatteis auf der Fahrbahn festgestellt werden. Der gefallene Schnee schmilzte alsbald er auf der Fahrbahn landete.

Nach bestimmten Verkehrsdelikten, vor allem natürlich bei Trunkenheit im Verkehr, ist der „Lappen futsch", oder juristisch genauer: werden im Urteil die Fahrerlaubnis entzogen, der Führerschein eingezogen und zugleich eine Sperrfrist für die Wiedererteilung einer neuen Fahrerlaubnis bestimmt.
So die Rechtslage bei deutschen Führerscheinen. Anders bei ausländischen Führerscheinen, die nicht einkassiert werden, wenn ihre Inhaber im Ausland wohnen. Geleitet also deutsches Bier einen ausländischen Touristen in den Straßengraben und kommt es zur Verurteilung, so darf

der ausländische Führerschein nicht eingezogen werden. Vielmehr wird die Entziehung der Fahrerlaubnis für den Bereich der Bundesrepublik sowie die Dauer der Sperre im Führerschein lediglich vermerkt.
Im nächsten Fall wurde nach Ablauf der Sperrfrist der Führerschein der Staatsanwaltschaft mit der Bitte übersandt, die Eintragung zu entfernen. Die Rechtspflegerin handelte pflichtgemäß, indem sie die Eintragung durchstrich und den Grund dafür vermerkte. Der Führerschein ging retour, und der Empfänger durfte wieder auf unseren Straßen fahren, eine Serviceleistung, die allerdings nicht ganz den erwarteten Anklang fand.

Ich hatte Sie angeschrieben und um die Entfernung Ihrer Eintragung gebeten. Ich hatte Sie nicht aufgefordert, weiter in dem amtlichen Dokument Ihre Schmierereien einzutragen.
Ich fordere Sie auf, mir unverzüglich mitzuteilen, wie Sie gedenken, Ihre beiden Eintragungen aus meinem Führerschein zu entfernen. Es kann nicht angehen, daß selbstherrliche Behörden meinen, sich alles erlauben zu können.
Für mich ist die Entfernung dieser Eintragungen mit erheblichen Kosten verbunden, die ich nicht gewillt bin zu tragen.

In wohl kaum einem anderen Deliktsbereich als gerade bei den Verkehrsverstößen werden so häufig Ehegatten, Verwandte oder Freunde aufgeboten, die Entlastendes, mitunter gar das Gegenteil des Vorwurfs, bezeugen können sollen.

Ich bin die Ehefrau des Beschuldigten. Mir ist der § 52 StPO im Wortlaut vorgelesen worden. Auch bin ich ausführlich über den Begriff des Meineides belehrt worden. Unter diesen Umständen mache ich von meinem Zeugnisverweigerungsrecht Gebrauch.

Wie im Eingangskapitel erwähnt, entstehen Stilblüten manchmal dadurch, daß die Doppelbödigkeit von Wortbedeutungen verkannt wird. Aber auch das bewußte Umschiffen solcher Klippen kann die Sache berichtenswert machen.

Der Polizei war mehrfach auf einem Parkplatz an einer Bundesstraße ein Wohnwagen aufgefallen. Nach ihren Feststellungen betrieb die Eigentümerin des Gefährts darin ein naheliegendes Gewerbe.

Das überschritt den sogenannten Gemeingebrauch und stellte eine Sondernutzung des Parkplatzes dar. Da die Dame keine entsprechende Erlaubnis vorweisen konnte, handelte sie ordnungswidrig und erhielt vom Landkreis einen Bußgeldbescheid. In ihm hieß es:

Nach § 7 Abs. 1 des Bundesfernstraßengesetzes ist der Gebrauch der Bundesfernstraßen, wozu gemäß § 1 Abs. 4 Nr. 3 auch die Parkplätze gehören, jedermann im Rahmen der Widmung und der verkehrsbehördlichen Vorschriften zum Verkehr – gemeint ist hier der Straßenverkehr – gestattet (Gemeingebrauch).

Der Bußgeldbescheid bot 5 Polizeibeamte als Zeugen auf, und man stellt sich doch leise die Frage, ob es sich nicht womöglich um verdeckt deckende Ermittler gehandelt hat.

Die Hauptreisezeiten führen immer wieder zu Verkehrsproblemen. Mit einem Verkehrsproblem der besonderen Art mußte sich ein Amtsgericht beschäftigen. Der Kläger verlangte vom Reiseveranstalter Schadensersatz.
In seiner Entscheidung argumentiert das Gericht kenntnisreich und mit einem Sinn fürs Praktische.

Die Klage wird abgewiesen.
Der Kläger trägt die Kosten des Verfahrens.
Das Urteil ist vorläufig vollstreckbar.

Tatbestand
Der Kläger hatte bei der Beklagten für sich und seine Lebensgefährtin eine Urlaubsreise nach Menorca zum Preis von 3.078,– DM gebucht. Geschuldet war die Unterbringung in einem Hoteldoppelzimmer mit Doppelbett. Der Kläger trägt vor, nach der Ankunft habe er feststellen müssen, daß es in dem ihm zugewiesenen Zimmer kein Doppelbett gegeben habe, sondern zwei separate Einzelbetten, die nicht miteinander verbunden gewesen seien. Bereits in der ersten Nacht habe er feststellen müssen, daß er hierdurch in seinen Schlaf- und Beischlafgewohnheiten empfindlich beeinträchtigt worden sei. Ein friedliches und harmonisches Einschlaf- und Beischlaferlebnis sei während der gesamten 14-tägigen Urlaubszeit nicht zustandegekommen, weil die Einzelbetten, die zudem noch auf rutschigen Fliesen gestanden hätten, bei jeder kleinsten Bewegung mittig auseinander gegangen seien. Ein harmonischer Intimverkehr sei deshalb nahezu völlig verhindert worden.
Der Kläger verlangt Schadensersatz wegen nutzlos aufgewendeter Urlaubszeit in Höhe von 20 % des Reiseprei-

ses. Der erhoffte Erholungswert, die Entspannung und die ersehnte Harmonie mit seiner Lebensgefährtin sei erheblich beeinträchtigt gewesen. Dies habe bei ihm und bei seiner Lebensgefährtin zu Verdrossenheit, Unzufriedenheit und auch Ärger geführt. Der Erholungswert habe dadurch erheblich gelitten.

Der Kläger beantragt,
die Beklagte zu verurteilen, an ihn 615,60 DM nebst 4% Zinsen seit dem 11. 10. 1990 zu zahlen.

Der Beklagte beantragt,
die Klage abzuweisen.
Sie meint, die Klage könne nicht ernst gemeint sein.

Entscheidungsgründe
Die Klage ist zulässig.
Der Beklagten ist zuzugeben, daß hier leicht der Eindruck entstehen könnte, die Klage sei nicht ernst gemeint. Die Zivilprozeßordnung sieht allerdings einen derartigen Fall nicht vor, so daß es hierfür auch keine gesetzlich vorgesehenen Konsequenzen gibt.
Die Klage ist aber jedenfalls in der Sache nicht begründet. Der Kläger hat nicht näher dargelegt, welche besonderen Beischlafgewohnheiten er hat, die fest verbundene Doppelbetten voraussetzen. Dieser Punkt braucht allerdings nicht aufgeklärt zu werden, denn es kommt hier nicht auf spezielle Gewohnheiten des Klägers an, sondern darauf, ob die Betten für einen durchschnittlichen Reisenden ungeeignet waren. Dies ist nicht der Fall. Dem Gericht sind mehrere allgemein bekannte und übliche Variationen der Ausführung des Beischlafs bekannt, die

auf einem einzelnen Bett ausgeübt werden können, und zwar durchaus zur Zufriedenheit aller Beteiligten. Es ist also ganz und gar nicht so, daß der Kläger seinen Urlaub ganz ohne das von ihm besonders angestrebte Intimleben hätte verbringen müssen.

Aber selbst wenn man dem Kläger seine bestimmten Beischlafpraktiken zugesteht, die ein fest verbundenes Doppelbett voraussetzen, liegt kein Reisemangel vor, denn der Mangel wäre mit wenigen Handgriffen selbst zu beseitigen gewesen. Wenn ein Mangel nämlich leicht abgestellt werden kann, dann ist dies auch dem Reisenden selbst zuzumuten mit der Folge, daß sich der Reisepreis nicht mindert und daß auch Schadensersatzansprüche nicht bestehen.

Der Kläger hat ein Foto von den Betten vorgelegt. Auf diesem Foto ist zu erkennen, daß die Matratzen auf einem stabilen Rahmen liegen, der offensichtlich aus Metall ist. Es hätte nur weniger Handgriffe bedurft und wäre in wenigen Minuten zu erledigen gewesen, die beiden Metallrahmen durch eine feste Schnur miteinander zu verbinden. Es mag nun sein, daß der Kläger etwas derartiges nicht dabei hatte. Eine Schnur ist aber für wenig Geld schnell zu besorgen. Bis zur Beschaffung dieser Schnur hätte sich der Kläger beispielsweise seines Hosengürtels bedienen können, denn dieser wurde in seiner ursprünglichen Funktion in dem Augenblick sicher nicht benötigt.

Die Nebenentscheidungen ergeben sich aus den §§ 91, 708 Nr. 11, 713 ZPO.

15. Schnauze voll

Brief an die Polizei:

Werte Herrn !
Ich habe mich aus meiner Ehe verabschiedet. Ich habe das Auto mitgenommen, alles andere habe ich meinem Mann gelassen. Das Auto brauche ich erst, er bekommt es wieder. Meine Tochter habe ich auch mitgenommen.
Also, ich bin nicht vermißt, ich werde mich irgendwann bei meinem Mann melden. Auch das Auto ist nicht gestohlen. Ich habe die Schnauze voll von meinem Mann und die Ehe.
Mit freundlichem Gruß

Wenn die Wege eines Paares auseinanderdriften, ist das häufig ein Fall für die Justiz. Allemal wenn Scheidung auf dem Plan steht, über das Sorgerecht für Kinder zu entscheiden ist usw. Dies ist seit je die klassische Domäne der Familiengerichte.
Aber auch Lebensgemeinschaften ohne Trauschein bemühen nach ihrem Scheitern nicht selten die Gerichte. (Übrigens beginnt der illusionslose, aber realistische Begriff vom Lebensabschnittsgefährten bzw. -partner Einzug in die Amtssprache zu halten.)
Für alle Formen des Beisammenseins und ihres Auseinanderbrechens gilt die Erkenntnis, wie leicht im Einzelfall Haß Vernunft besiegen kann und zwei Menschen

sich plötzlich mit der Leidenschaft, die sie einst einte, fremd gegenüberstehen und einander befehden, beispielsweise mit einer nicht enden wollenden Spirale aus Anzeigen und Gegenanzeigen. Lustig ist dies alles nie, im Gegenteil, und kurios nur selten.
Zur Thematik aber immerhin noch das Folgende:

Aus einem Zivilrechtsstreit:

Der Kläger hat sich entschlossen, seinen Prozeßbevollmächtigten mit der Erwiderung auf den Schriftsatz der Beklagten zu beauftragen, damit es nicht zu weiteren Verzögerungen kommt. Wir stellen aber klar, daß der Kläger gesundheitlich immer noch nicht in der Lage ist, Informationen dergestalt zu erteilen, daß ein ausführlicher Sachvortrag möglich wäre.
Es ist dem Kläger aufgrund seines Gesundheitszustandes nicht zuzumuten, den Schriftsatz der Beklagten noch einmal in die Hand zu nehmen, um detailliert auf jede wahrheitswidrige Behauptung einzugehen. Der Kläger hat nämlich, nachdem er den besagten Schriftsatz der Beklagten durchgelesen hatte, einen Schlaganfall erlitten.

Sie will im Wege einer einstweiligen Verfügung bei Gericht ein Verbot erreichen, mit dem es ihm untersagt wird, Grundbesitz und Wohnung nochmals zu betreten, und sein Anwalt argumentiert:

Ein Verbot in diesem Sinn kann nur das Familiengericht aussprechen, nicht die angerufene Zivilkammer, mit anderen Worten, jenes Gericht setzt die Grenzen des Getrenntlebens.
Die Antragstellerin kann auch nicht verlangen, daß im

Wege einstweiliger Verfügung dem Antragsgegner untersagt wird, seine Ehefrau nicht mehr umbringen zu wollen, sie nicht mehr mit vorgehaltenem Messer aus dem Hause zu nötigen, sowie im Hause zu randalieren und Mobiliar bzw. Einrichtungsgegenstände zu zerstören und sie auch nicht zu beschimpfen und zu bedrohen. Die Behauptungen der Antragstellerin reichen in den Bereich strafbarer Handlungen, so daß wir gar keine Zuständigkeit des Zivilgerichts oder des Familiengerichts sehen. Ansonsten wäre es ja auch möglich, daß der Bestohlene eine einstweilige Verfügung gegen den Dieb des Inhalts erlangte, es möge ihm untersagt werden, ihn nochmals zu bestehlen.

Nun zu einem umgekehrten Fall. Die an die Staatsanwaltschaft gerichtete Strafanzeige wegen Hausfriedensbruchs, Bedrohung, Beleidigung usw. endete mit den Worten:

Hiermit beantrage ich gegen Frau X eine einstweilige Verfügung sich mir auf 50 m zu nähern.

Ein Mann hatte die zulässige Höchstgeschwindigkeit um mehr als 50 % überschritten und war knapp 70 km/h zu schnell gefahren. Bußgeldbehörde und das durch Einspruch angerufene Amtsgericht hatten gemeint, dieser Verstoß sei vorsätzlich begangen worden, und deshalb neben der Geldbuße ein einmonatiges Fahrverbot verhängt. Dieses piesackt die Betroffenen bekanntlich am meisten. Wegkämpfen ließe es sich nur, wenn man vom Vorsatz herunterkäme.
In seiner Rechtsbeschwerde an den Bußgeldsenat des

Oberlandesgerichts versuchte der Verteidiger, aus der persönlich wie familiär prekären Situation des Mandanten wenigstens hier einmal Honig zu saugen:

Hier sind keine hinreichenden Grundlagen für eine Verurteilung wegen Vorsatzes gegeben gewesen.

Hätte der Betroffene das Verkehrsschild bewußt realisiert und zur Kenntnis genommen, sozusagen innerlich in die Bewußtseinsebene aufgenommen, und hätte er den Aufmerksamkeitsgrad eines normalen Fahrzeugführers in einer normalen Situation gehabt, dann mag möglicherweise über Vorsatz nachgedacht werden. Im vorliegenden Fall fehlt es aber an beidem. Er hat weder das Verkehrsschild bewußt realisiert noch die hohe Geschwindigkeit.

Man verlangt von deutschen Ehemännern, daß sie pausenlos unter Streßsituationen Geld produzieren, um den gesetzlichen Unterhaltsverpflichtungen nach allen Seiten gerecht zu werden. Aufrecht müssen sie Geld verdienen und dürfen sich nicht „hängenlassen". Bei dem Kontakt mit den Kindern müssen sie froh sein, wenn die Ehefrau ihnen denselben etwa alle 2 Wochen problemlos gewährt. Denn im Streitfall haben sie eine schwierige Phase der Prozeßführung vor sich, weil die Ehefrau im Zweifel reichlich Gelegenheit hat, mit fadenscheinigen Gründen die Besuchsregelungen zu torpedieren. Von einer beruhigenden abgesicherten Position insofern kann überhaupt keine Rede sein. Die Verantwortung der Ehefrauen wird reduziert. Sie können problemlos anderen Männern nacheilen. Sie können mehr oder weniger problemlos die Kinder mitnehmen, ohne ihre Sorgerechtsposition ernstlich in Gefahr zu bringen. Die Aufgabe des Ehemannes wird – trotz angeblich geschützter Ehe – im wesentlichen aus dem Gesichtspunkt der Unterhaltsverpflichtung gesehen.

Den damit verbundenen Streß und die Sorge um die Familie muß sich der deutsche Ehemann alsdann verkneifen, aufrecht und konzentriert durchs Leben gehen. Das ist eine Situation und eine Sicht der Dinge, die praktisch leider zuweilen die betroffenen Ehemänner psychisch sehr stark fordert, wenn nicht gar überfordert. Bei einer solchen Belastung – Trennung von Ehefrau und Kindern, anwaltlich vorgetragenen Unterhaltsforderungen ausgesetzt, die Zahlungsverbindlichkeiten bezüglich des Hauses vor Augen und arbeitslos – kann es aber, auch wenn es einer Richterin vielleicht nicht ohne weiteres einleuchtet, in der Tat auch einmal zu Unaufmerksamkeiten dieser Art kommen, ohne daß man dies eigentlich ernstlich vorwerfen kann. Denn wer würde in solch schwierigen Situationen nicht möglicherweise einmal der Gefahr ausgesetzt sein, nicht voll bei der Sache zu sein?

Nach Beendigung des einen Abschnitts wartet meist der nächste. Anwaltlicher Vortrag:

Der Beschuldigte ist seit November von seiner damaligen Ehefrau geschieden. Er ist zwischenzeitlich wieder verlobt, wobei seine zukünftige Ehefrau Ende März/Anfang April ein Kind empfängt.

Die Kenntnisse über Empfängnis und Geburt scheinen in der Tat manchmal lückenhaft zu sein. Aus einem Jugendamtsbericht:

Ihr Kind wurde dann im Juni des Jahres ungefähr 13 Monate zu früh geboren.

Familiengerichte dagegen kennen sich, schon von Amts wegen, deutlich besser mit der Materie aus.
Einer Frau waren Mutterfreuden zuteil geworden, und ihr Lebensabschnittsgefährte (jedenfalls wurde er aufgrund der weiteren Ereignisse dazu) hatte kurz nach der Geburt die Vaterschaft anerkannt. Bald aber quälten ihn Zweifel, und zwar berechtigte, wie das später vom Gericht eingeholte Abstammungsgutachten ergab. Unerschütterlich jedoch hielt die Kindesmutter vor Gericht an ihrer gegenteiligen Behauptung fest.

Aus den Urteilsgründen:

Der Kläger gilt gemäß § 1592 Nr. 2 BGB als Vater des Kindes, weil er die Vaterschaft anerkannt hat. Diese Vaterschaftsvermutung ist jedoch aufgrund der Beweisaufnahme widerlegt. Zwar hat die Zeugin ausgesagt, sie habe weder im Jahr 1994 noch Anfang 1995 Geschlechtsverkehr mit einem anderen Mann als dem Kläger gehabt, das Gericht hegt jedoch erhebliche Zweifel an der Richtigkeit dieser Aussage. Wenn sich hier nicht ein in der Geschichte der Menschheit bislang nur einmal bekundetes, für die Religionsgeschichte der westlichen Zivilisation bedeutsames und doch immer wieder bestrittenes Ereignis wiederholt hat, wovon das Gericht nicht ausgeht, so hat die Kindesmutter vorliegend die Unwahrheit gesagt. Unabhängig davon bleibt jedoch nach dem Gutachten des Sachverständigen, dem sich das Gericht in vollem Umfang anschließt, festzustellen, daß das Kind nicht vom Kläger abstammt; seine Vaterschaft ist auszuschließen.

Schon zum zweiten Mal Strafbefehl wegen Fahrens ohne Fahrerlaubnis. Die Staatsanwaltschaft vollstreckt die Geldstrafe.
Aus dem Brief der entnervten Ehefrau des Verurteilten. Auch sie hatte offensichtlich die Schnauze voll.

Wir haben von Euch ein Brief bekommen, daß wir müssen Strafe zahlen. Aber ich konnte es nicht, weil ich habe 4 Kinder und ich arbeite nicht und jedes Mal muß ich Strafe zahlen. Das kann ich nicht. Er soll bei Euch arbeiten oder schicken Sie ihn zurück nach Rußland.
Ich bitte um Ihr Verständnis.

Trennung wider Willen der Beteiligten löst dagegen Solidarisierung aus.
Die Staatsanwaltschaft hatte Widerruf der Bewährung beantragt und das Gericht den Verurteilten zur Anhörung vorgeladen.

Aus dem Anhörungsprotokoll:
Der Ehefrau des Verurteilten wurde die Anwesenheit beim Anhörungstermin gestattet. Sie sagte, daß sie bisher immer ruhig gewesen sei. Allerdings werde das Amtsgericht sie kennenlernen, falls die Bewährung jetzt tatsächlich widerrufen würde.

16. Viechereien

Viele Konflikte lassen sich dadurch lösen, daß zwischen den Betroffenen ein Gespräch stattfindet.

Aus dem Vernehmungsprotokoll einer Geschädigten:

Der frei umherlaufende Hund hatte mich gebissen. Als ich später den Hundebesitzer sah und zur Rede stellte, erwiderte der mir nur, daß er mit dem Hund sprechen wolle. Damit war die Angelegenheit für ihn erledigt.

Durch meine dreimonatige Haftzeit wurde mein gesamter Betrieb einschließlich meiner 3 Wachhunde entwendet.

Wie sagt das Sprichwort schon? Hunde, die jedermanns Freund sind, hat man nicht gern.

Unter Experten ist unbestritten, daß schwierige Lebensumstände in Kindheit und Jugend abweichendes Verhalten begünstigen können.

Der Beschuldigte beendete seine Ausbildung und begann eine kaufmännische Lehre, blieb jedoch weiterhin zu Hause wohnen. Dort herrschten seiner Einschätzung nach „chaotische Verhältnisse". Seine Mutter trank, sein Stiefvater züchtete Schweine, Hühner, Puten, Enten und Kaninchen und dazwischen waren noch die vier Stiefgeschwister.

Schweinereien:

Nebenbei erwähnte der Beschuldigte mal, wenn wir Schweine kaufen wollten, die nicht durch die Bücher gehen sollten, daß wir uns dann an ihn wenden könnten.

Ich konnte bei uns in der Buchhaltung einige Schecks nicht finden, und zwar handelte es sich um Ferkel, die wir gekauft und dann weitervermittelt hatten.

Kommen wir jetzt zum Begriff des Absetzens. Ich meine nicht das Steuerrecht, wo findige Zeitgenossen schon mit der Idee gespielt haben sollen, den lästig gewordenen Partner als außergewöhnliche Belastung abzusetzen. Nein, ich meine das Sich-Absetzen. Für mich entsteht dabei immer das Bild eines heimlichen, unauffälligen, insbesondere von Hast und Schnelligkeit diktierten Fluchtverhaltens.
Wenn Sie mit mir in etwa einer Meinung sind, wollen wir uns den nächsten Satz auf der Zunge zergehen lassen.

Letzte Erkenntnisse aus einer polizeilichen Aufenthaltsermittlung:
A. hat sich mit seinen ca. 800 Schafen mit unbekanntem Ziel abgesetzt.

In einer Landgerichtsanklage der Staatsanwaltschaft wegen eines Sexualdelikts endete der Anklagesatz mit den Worten:

... woraufhin der Angeschuldigte von der Geschädigten abließ und sich von einem Reh mit der Hand befriedigen ließ.

Bei Gericht rieb man sich die Augen. Es handelte sich jedoch keineswegs um einen Bericht über Bambis Ausflug ins Reich der Sinne, nein, die Geschädigte hieß – richtig: Annemarie. Vgl. auch im Kapitel „Geschrieben wie gehört“.

Die Tierliebe der Deutschen ist bekanntlich groß. Aus dem Testament einer Katzenfreundin:

... falls meine Schwester vor meinem Tod verstorben ist, erbt die Katze Dickschwanz mein gesamtes Vermögen. In diesem Fall wird mein Bruder als Verwalter über meinen Nachlaß, das Erbe der Katze Dickschwanz, eingesetzt. Nach dem Tode von Dickschwanz ist mein Nachlaß einschließlich Erbansprüchen für herrenlose Katzen zu verwenden. Auch für diesen Fall wird mein Bruder zum Nachlaßverwalter bestimmt.

Die Folgen dieses Testaments haben die Justiz immerhin bis hinauf zum Zivilsenat eines Oberlandesgerichts beschäftigt. Erwähnt sei noch, daß es dabei auch um Versorgungskosten für die Katzen mit den folgenden Namen ging: *Ilbis, Stupsi, Gera, Franka, Bärchen, Tanja und Zebra.*

Skeptiker behaupten, die Deutschen liebten ihre Haustiere mehr als ihre Kinder. Manchmal aber setzen Kinder selbst die Umstände, die eine strengere Testatorhand verlangen.

Aus einem anderen Testament:
Wir haben unseren Sohn in den vorstehenden Bestimmungen nur als Vorerben zu dem angegebenen Bruchteil

mit den gesetzlich vorgesehenen Beschränkungen eingesetzt, weil wir beide und unsere sämtlichen Bekannten der festen Überzeugung sind, daß unser Sohn nach seinem bisherigen Verhalten in kürzester Zeit die Erbschaft durch unvernünftige und verschwenderische Verfügungen durchgebracht haben würde.
Unser Sohn hat bislang, sowie er irgendwelches Geld oder sonstige Vermögenswerte in die Hand bekommen hat, diese verschwendet, so daß seine spätere Existenz als dringend gefährdet angesprochen werden müßte. Er neigt dazu, sinn- und zwecklos Gelder zu seinem persönlichen Vergnügen, insbesondere für seinen sittlich ausschweifenden Lebenswandel auszugeben. Auch fehlt es ihm an jeglicher wirtschaftlichen und vernünftigen Einsicht, wofür kennzeichnend ist, daß er trotz guter Schulbildung, trotz ausreichender körperlicher und geistiger Fähigkeiten, trotz seines Alters von nunmehr 25 Jahren und trotz unseres dauernden Drängens sich bislang zu keiner anhaltenden beruflichen Tätigkeit entschlossen hat, da er offen auf dem Standpunkt steht, daß er nicht zu arbeiten braucht, sondern daß wir seine genießerischen Lebensbedürfnisse eben nach seinem Wunsch zu finanzieren haben.
Sowie er irgendwelche Geldbeträge in die Finger bekommt, gibt er diese restlos in kürzester Zeit zur Befriedigung seiner Gelüste aus, und zwar am liebsten in der Großstadt.

In einer Übersetzung aus dem Arabischen hieß es:

Wir, die Bewohner des Hauses, geben zu und erkennen an, daß, seitdem wir das Haus in Vertretung von Herrn

Schulz betreten haben, im Haus nichts vorhanden war, nicht mal ein kleines Vieh oder ähnliches.

Dem Vernehmen nach ging es um einen Hausmeisterposten und mögliches Ungeziefer.

Über Begegnungen dieser Art weiß im folgenden die Polizei ein Lied zu singen:

Der Beschuldigte hinterließ die angemietete Kellerwohnung in einem völlig zerstörten Zustand.
Nachdem wir die Wohnung wieder verlassen hatten, wurde während der abschließenden Sachverhaltsaufnahme vor Ort an der Bekleidung des anzeigenden Vermieters und der eingesetzten Funkstreifenbesatzung eine größere Menge Ungeziefer festgestellt. Hierbei handelte es sich vermutlich um Flöhe.
Aufgrund des zeitlichen und örtlichen Zusammenhangs zur oben angegebenen Wohnung konnte der Herkunftsort des anhaftenden und springenden Ungeziefers auf die vorbezeichnete Wohnung zurückgeführt werden.
Bezüglich der getragenen Bekleidung, einschließlich der Körperoberfläche der aufgeführten Personen, erfolgte eine unverzügliche Reinigung. Es wurde ein Desinfektionsmittel gesprüht. Hierbei konnte eine Bewegungsunfähigkeit des Ungeziefers beobachtet werden.
Nachdem kein Ungeziefer mehr festgestellt wurde, erfolgte die Rückfahrt zur Dienststelle.
Auch beim Verlassen des Fahrzeugs konnte bei erneuter Inaugenscheinnahme mit dem bloßen Auge kein Ungeziefer mehr festgestellt werden.

17. Gerüche

Manchmal werden am Tatort Zigarettenstummel gefunden, die sich als wichtiges Beweismittel entpuppen können. Aus ihnen lassen sich unter Umständen Speichelspuren für eine DNA-Analyse (sog. genetischer Fingerabdruck) zur Überführung Verdächtiger gewinnen.
Es könnte angebracht erscheinen, derartiges Beweismaterial nicht nur sorgfältig, sondern auch an präsenter Stelle aufzubewahren, eine Auffassung, die ein Gericht bei Erhalt der Akten nicht unbedingt überzeugen muß.

Richterliche Verfügung:
Umschlag Bl. 15 („Zigarettenkippen") ausheften und als Asservat gesondert verwahren. Die Akte danach gut und ausreichend belüften (ich möchte nicht noch einmal in die Gefahr einer Nikotinvergiftung geraten und wie ein Gasthaus riechen!).

Der Staatsanwalt zeigte sich später zerknirscht:

Ich bedauere die sich aus Bl. 15 ergebende Beeinträchtigung der Schaffenskraft des amtierenden Richters.

Polizeilicher Vermerk:
Der Geschäftsführer der geschädigten Firma brachte heute eine olivgrüne schmutzige Unterhose. Er erklärte dazu, daß man die Hose nach dem Einbruch in der Fir-

ma aufgefunden habe. Die Hose habe in der Produktionshalle unmittelbar vor dem neuen Sanitärtrakt gelegen. Zwei Mitarbeiterinnen hätten erklärt, daß der Geruch, der von der Unterhose ausgehe, einem ehemaligen Beschäftigten gehöre, dem vor 3 Wochen nahegelegt worden sei, die Firma zu verlassen.
Der Geschäftsführer erklärte, er könne sich vorstellen, daß dieser ehemalige Mitarbeiter in die Firma eingedrungen sei, um sich eventuell zu duschen, dann die neuen Duschen noch nicht installiert vorgefunden und daraufhin möglicherweise gezielt nach Geld gesucht habe.

Angeklagte, die unentschuldigt nicht zu ihrem Termin erscheinen, können beim nächsten Mal polizeilich vorgeführt werden. Das gilt auch für Zeugen.
In unserem Fall hatte ein wichtiger Zeuge die Strafkammer des Landgerichts im Stich gelassen. Obwohl er mehrere hundert Kilometer entfernt wohnte, ordnete die Kammer die polizeiliche Vorführung an. Der Zeuge sollte also am neuen Terminstag in aller Frühe festgenommen und dann im Polizeiauto zum Gericht gefahren werden.
Zwei Tage vorher erreichte das Gericht ein dringliches Fax der Polizei, die aufgrund von Recherchen darum bat, den Zeugen schon am Vortag nachmittags festnehmen und dann in der polizeilichen Gewahrsamseinrichtung unterbringen zu dürfen.

Begründung:
Der Zeuge wohnt in einem ehemaligen Schweinestall. Ein Transport ohne vorherige gründliche Reinigung des

Zeugen ist nicht möglich. Es ist deshalb beabsichtigt, ihn am Nachmittag festzunehmen, seiner Mutter zur Waschung zuzuführen und ihn anschließend in der Gewahrsamseinrichtung des Polizeireviers bis zur Abfahrt am nächsten Morgen um 5 Uhr 15 zu verwahren.

Nun, das Landgericht hatte ein Einsehen, vielleicht auch aus der Erwägung heraus, daß ein Zeuge vom Richtertisch so weit entfernt nicht sitzt.

... wird angeordnet, den Zeugen bereits am Nachmittag festzunehmen, um ihn vor Durchführung des Transports einer Waschung zuzuführen. Diese Maßnahme ist geboten, um den den Transport begleitenden Polizeibeamten die Zuführung des Zeugen ohne gesundheitliche und körperliche Beeinträchtigung zu ermöglichen (§ 51 Abs. 1 StPO).

18. Von Sachverständigen und eigener Sachkunde

Sachverständige sind nach Auffassung der höchstrichterlichen Rechtsprechung „Gehilfen“ des Gerichts.
Kaum ein Rechtsstreit wegen Baumängeln, der ohne die Sachkunde eines Experten auskommt. Je fundierter und praktischer seine Schlußfolgerungen, um so höher die Akzeptanz bei Anwälten und Parteien.

Anwaltlicher Schriftsatz:
Das Gutachten überzeugt nicht. Der Sachverständige führt in seinem Gutachten auf Seite 9 aus: „Es bleibt den Eigentümern dieser Häuser nicht erspart, sich bei besonders strengen Wintern mit großem Schneefall usw. um das Dach ihres Hauses zu kümmern, sie müssen die Dachkehle von Schnee befreien ...“.
Wie ältere Eigentümer das Dach ihres Hauses im Winter vom Schnee befreien sollen, ohne ihre Gesundheit oder ihr Leben zu gefährden, bleibt wohl das Geheimnis dieses Architekten. Er scheint jedenfalls ein guter Turner zu sein.

Sachverständige beim Landeskriminalamt müssen über eine gute Spürnase verfügen. Aus einem Gutachten:

Asservat 2:
„Schuhe“:
Ein Paar braunschwarze, übelriechende, Gebrauchsspuren aufweisende Wildlederstiefel.

Aus einem Obduktionsbefund:

Die Leiche wird gewendet: Auf der Rückseite – abgesehen von einer deutlichen Behaarung im Schulterbereich – keine Verletzungen.

Auf einer Feier war es zu einer Körperverletzung bekommen. In der Hauptverhandlung wurde der Gastgeber zu den vom Angeklagten konsumierten alkoholischen Getränken befragt. Dazu berichtete der Zeuge, es habe auf der Fete nur Bier, und zwar Bier einer ganz bestimmten Sorte, gegeben. Von dieser Biermarke hatte offenbar bislang nicht einmal der anwesende Experte und Sachverständige für Blutalkohol je etwas gehört. Vorsichtig fragte er den Zeugen:

Nur damit ich mir eine Vorstellung machen kann. War das ein, sagen wir, besonders starkes oder ein besonders schmackhaftes Bier?

Darauf der Zeuge:

Nein, ein besonders billiges Bier!

Manche sachverständigen Schlußfolgerungen sind verblüffend und berühren fast schon andere Fachgebiete.
Ein Krad war von der Fahrbahn abgekommen und gegen einen Baum geprallt. Das Gutachten erläuterte:

Der Kradaufsasse prallte ebenfalls gegen einen Baum, welcher sich im Abstand von 24,60 m befindet. Die starke Anstoßspur an diesem Baum in einer Höhe von ca. 1,80 m deutet darauf hin, daß der Kradaufsasse von der ei-

gentlichen Kollisionsstelle bis in seine Endlage die Wegstrecke in einer ausgeprägten Flugphase überwunden hat.

Es gibt Dinge im Berufsalltag eines Sachverständigen, die er zeitlebens nicht vergessen wird.
Ort der Handlung: eine Tiefgarage. Wer kennt sie nicht, die drangvolle Enge unter unseren Einkaufsmärkten und Warenhäusern, wo es beim Ausparken nur allzu leicht zur Kollision mit dem Querverkehr kommen kann. So geschehen zwischen einem Transporter und einem Pkw der gehobenen Kategorie.
Wegen der Reparaturkosten am Pkw geriet man in Streit, denn der Versicherung des Transporters erschien die Summe viel zu hoch. Sie beauftragte einen KFZ-Sachverständigen mit der Prüfung, ob die geltend gemachten Schäden überhaupt auf das Unfallgeschehen zurückzuführen seien.
Dazu bedurfte es einer Rekonstruktion, und der Sachverständige lud beide Parteien in die Tiefgarage ein, also den Fahrer samt Transporter und den Anspruchsteller. Letzterer erschien allerdings ohne den unfallbeteiligten reparierten Pkw, mit dem ausgerechnet heute sein Bruder unterwegs sei, doch dafür habe er dessen Pkw mitgebracht. Obwohl die Fahrzeuge nicht ganz vergleichbar waren, ließ sich der Sachverständige auf die Situation ein und berichtet in seinem Gutachten über das weitere Geschehen wie folgt:

Dem Anspruchsteller (AST) wurde beschrieben, er möge bitte mit seinem Fahrzeug seitlich neben den aus der Parklücke herausragenden Transporter fahren, damit die Höhenverhältnisse vermessen werden könnten. Der AST

setzte das Fahrzeug daraufhin zurück und fuhr mit der vorderen rechten Ecke gegen die hintere rechte Ecke des Transporters.
Nach dieser Aktion wurde der AST eindringlich darauf hingewiesen, daß derartige Dinge nicht vorgesehen seien. Es solle keine neue Kollision vorgenommen werden, sondern nur eine Kollisionsanalyse, bei der beide Fahrzeuge nebeneinander gestellt werden, um die Höhenverhältnisse zu vermessen.
Nach dieser ersten Phase wurde der AST gebeten, das Fahrzeug nochmals in Höhe der Tür neben den Transporter zu stellen, um die Höhenverhältnisse vermessen zu können. Es wurde eindeutig darauf hingewiesen, daß keine Kollision mit den Fahrzeugen stattfinden solle. Der AST setzte das Fahrzeug zurück, fuhr an dem Transporter zunächst vorbei, zog dann jedoch die Lenkung nach rechts, wodurch ab dem Vorderrad nach hinten eine Kollision zwischen dem Pkw und dem Transporter stattfand. In Kollisionsstellung brachte der AST das Fahrzeug zum Stehen, stieg aus und fragte spontan: „Und wer bezahlt mir jetzt diesen Schaden?"

Die Antwort fiel nicht gerade zufriedenstellend aus.

Der AST verließ dann ziemlich ungehalten den Gegenüberstellungsort, weil er befürchtete, daß sich sein Bruder, mit dessen Auto er ja erschienen war, über den eingetretenen Schaden am Fahrzeug sehr erregen würde.

Nur einen ließ das alles offenbar völlig kalt: den Fahrer des Transporters. Von ihm heißt es:

Während der gesamten Aktion stand er relativ unbeeindruckt und rauchenderweise dabei.

Anklage wegen Einmietbetruges. Jemand hatte ein Haus bezogen, ohne daß der Vermieter den vereinbarten Mietzins erhielt.
In der Hauptverhandlung wandte der Angeklagte ein, das Haus (in dem er es immerhin ein Jahr lang ausgehalten hatte) sei schadstoffbelastet und nicht bewohnbar gewesen. Sein Antrag auf Einholung eines entsprechenden Sachverständigengutachtens fand beim Gericht kein Gehör. Es konnte sich bei seiner Ablehnung auch auf Vorkommnisse in der Hauptverhandlung stützen:

Es ist offenkundig, daß der Angeklagte einer hypochondrischen Wahnvorstellung unterliegt. Er ist vor Gericht mit aufgesetzter Gasmaske erschienen und hat darauf bestanden, diese nur während seiner Einlassung oder zur Beantwortung von Fragen abzunehmen. In öffentlichen Gebäuden müsse er diese Gasmaske tragen, da er ansonsten durch giftige Ausdünstungen gesundheitlich beeinträchtigt werde. Die Einholung des begehrten Sachverständigengutachtens erübrigt sich bei dieser Lage.

Ohnedies wäre fraglich gewesen, ob ein Gutachter überhaupt eine ausreichend sächliche Grundlage für Feststellungen vorgefunden hätte.
Aufgrund seiner wahnhaften Angst vor Schadstoffen und zum blanken Entsetzen des Vermieters hatte der Angeklagte nämlich in dem Haus nicht nur sämtliche Teppichböden herausgerissen und den darunterliegenden Estrich abgefräst, er hatte auch Tapeten herunter- und Türzargen aus der Wand gerissen sowie Teile des Putzes bis auf das Mauerwerk abgeklopft.

Die Anklage warf einem Mann sexuelle Nötigung vor. Die Geschädigte hatte dazu bekundet, sie sei zum Oralverkehr gezwungen worden, gegen den sie sich schließlich mit einem beherzten Biß in das Geschlechtsteil des Angeklagten habe wehren können.
Der Angeklagte bestritt den gesamten Vorfall.
Trotzdem kam das Gericht zur gegenteiligen Überzeugung und verurteilte. In den Urteilsgründen beschied die Kammer auch einen Hilfsbeweisantrag des Angeklagten auf Einholung eines Sachverständigengutachtens.

Daß das Geschlechtsteil des Angeklagten zwei Tage nach dem Vorfall weder Hämatome noch sonstige Spuren eines Bisses aufwies, entwertet die Aussage der Nebenklägerin nicht. Auch ein spürbarer, energischer Biß in einen Penis zieht nicht zwangsläufig über längere Zeit sichtbare Verletzungen oder Spuren nach sich. Dies vermag die Kammer aufgrund eigener hinreichender Sachkunde und Lebenserfahrung zu beurteilen.

Bliebe noch nachzutragen, daß das Urteil von 3 Berufsrichterinnen und 2 Schöffinnen gefällt wurde.
Da behaupte noch jemand, unsere Justiz habe keinen Biß.

19. Du sollst kein falsch Zeugnis abgeben

In dieser Geschichte geht es um einen Mann, der seine Begabung, wie wir gleich sehen werden, in mehrfacher Hinsicht in den Händen sitzen hat, besonders da.
So absolvierte er einen Lehrgang in Massage mit Abschlußprüfung, dokumentiert in einem Zeugnis. Dieses Zeugnis war zum Prüfungstag computergraphisch vorbereitet worden, also ein schmucker, sauberer Druck, in den nur noch handschriftlich das Gesamturteil eingetragen wurde.
Mitten auf dem Zeugnis prangte diese Note, wollte jedoch beim Geprüften so gar keine rechte Freude aufkommen lassen. Es war nämlich nur ein Ausreichend.
Da das Zeugnis zur Erlangung weiterer Berechtigungen noch der Bezirksregierung vorzulegen war, entschloß er sich, die Zensur anzuheben, und zwar in einen Bereich, der in seinen Schulzeugnissen eher selten vorgekommen sein dürfte. Schon von daher die Erfüllung eines Herzenswunsches.
Der Einsatz von reichlich Deckweiß sorgte für den nötigen Freiraum, und eine geschickte Hand erteilte mit schwungvollen Bögen die neue Zensur. Nun das Ganze noch fotokopiert, und verschwunden waren alle Spuren des Eingriffs, kurz: ein echtes Meisterwerk!
Bis heute rätselt unser Künstler, durch welchen geheimen Trick die Leute ihm bei der Bezirksregierung nur so rasch auf die Schliche kommen konnten.

Aber urteilen Sie selbst:

mit dem Gesamturteil

gud
____

bestanden hat.

20. Wer den Schaden hat

Manchmal wird unbedacht etwas daherdiktiert, und Mann merkt gar nicht , was er Frau damit antut:

... indem der Angeschuldigte das unverschlossen abgestellte Fahrrad der Marke Hercules (Rahmen-Nr. 4373798) der Geschädigten Frau Müller (Zeitwert: ca. 450,– DM) mitnahm, um es für sich zu behalten.

In anderen Bereichen reagiert man durchaus empfindlich auf frauenfeindliche Gesten.

Zur zentralen Hengstkörung stellte er seinen Hengst „von Macho – Diadem" vor, der jedoch nicht gekört wurde.

Streitigkeiten zwischen einem Hauseigentümer einerseits und einer Mieterin im Beisein ihrer Kinder andererseits. Es soll zu gegenseitigen Beleidigungen gekommen sein.

Aus der Einlassung der Frau:
Nachdem ich von X massiv provoziert, beschimpft, beleidigt und bedroht wurde, fielen schon Worte wie „Schwuler" und „alte Schwuchtel" (was den Tatsachen nebenbei auch entspricht). Ich weiß ja nicht, wenn man von jemandem beschimpft wird, indem der X zu mir sagte: „Du fette asoziale Kuh, nimm deine Nachgeburten

und verpiß dich!", dann denke ich mir, daß dieses eine normale Reaktion ist. Ich kenne keinen, der sagen würde: „Ich liebe dich".

Vornehmlich im Jugendrecht wird als Sanktion oder auch Bewährungsweisung häufig die Erbringung gemeinnütziger Arbeit aufgegeben. Man verspricht sich davon einen erzieherischen Effekt beim Probanden, die bedachten Institutionen profitieren von der kostenlosen Unterstützung, und manchmal entwickeln sich sogar Vertrauensverhältnisse, die dem Probanden nützlich sind.

Sehr geehrte Damen und Herren!
Von den 60 Stunden hat Herr Maier in unserer Einrichtung nach und nach insgesamt 8 Stunden abgeleistet und sich dann nicht mehr gemeldet.
Von einer Mitarbeiterin hat er sich zusätzlich 100,– DM geliehen, weil er an dem bestimmten Tag nicht mehr rechtzeitig zur Sparkasse kam. Dieses Geld ist auch nicht an unsere Kollegin zurückgegangen.
Wir bedanken uns für die Hilfe, die Sie uns haben zukommen lassen, und zeichnen
mit freundlichen Grüßen.

Der Vorwurf lautete, mit einer ca. 80 cm langen Eisenstange Scheiben an einem PKW zertrümmert zu haben. Dazu der Beschuldigte:

Ja, ich führte eine Eisenstange mit mir. Damit kam es auch zu einer Beschädigung an einem PKW. Front- und Heckscheibe gingen kaputt, aber nur weil mir die Stange versehentlich aus der Hand rutschte.

Zur Vermenschlichung von Sachschäden und umgekehrt:

Sehr geehrte Frau Staatsanwältin,
diesen Schrank, der beschädigt wurde, haben meine Eltern mir vor ein paar Monaten für 320,-DM gekauft, und jetzt ist der Schrank nicht mehr heilbar.

Die Unfallbeteiligten 01 und 02 wurden schwerverletzt mit Rettungswagen dem Krankenhaus zugeführt. Lediglich an den Fahrzeugen entstand Sachschaden.

Der Beschuldigte schoß mit einer Federdruckpistole auf das Wohnzimmerfenster der Anzeigeerstatterin, wobei diese leicht beschädigt wurde.

Ein Handwerksmeister hatte einen Pachtvertrag über ein Grundstück unterzeichnet, das er gewerblich nutzen wollte. Wegen behördlicher Auflagen reute ihn der Vertragsabschluß, und er verhandelte mit dem Verpächter über einen Vertragsausstieg. Dies wurde nur bei Erfüllung bestimmter Bedingungen in Aussicht gestellt.
Daraufhin erschien der Handwerksmeister in Begleitung seines Schwagers beim Verpächter und diskutierte den Fall erneut. Mit der Bemerkung, etwas im Vertrag nachlesen zu wollen, das eigene Exemplar jedoch nicht mitzuführen, bat er den Verpächter um Vorlage seines Exemplars.

Die Ehefrau des Verpächters als Zeugin:
Gutgläubig tat das mein Mann auch und gab den Vertrag dem Pächter. Dieser warf einen kurzen Blick in den Vertrag und reichte ihn seinem Schwager, der mich dann bat, ihm ein Glas Wasser zu holen.

Als ich aus der Küche zurückkam und das Glas Wasser übergab, sah ich den Schwager mit Papier hantieren. Als er nun das Glas Wasser in der Hand hielt, steckte er das Stück Papier in den Mund, spülte mit Wasser und schluckte hinunter. Ich nahm zunächst an, er habe eine Tablette genommen. Dann sah ich, daß der Vertrag beschädigt worden war. Wo einmal die Unterschrift des Pächters gestanden hatte, war ein Loch. Zur Rede gestellt, äußerte der Schwager: „Ja, das habe ich aufgegessen."
Unverzüglich wurde dieser Schwager jetzt von meinem Mann an die frische Luft gesetzt.

Der Sohn des Verpächters:

Nachdem der Schwager das Haus verlassen hatte, unterhielt sich mein Vater noch kurz mit dem Pächter. Dieser deutete eine Entschuldigung für das Verhalten seines Schwagers an und versprach, meinem Vater eine Kopie des vollständigen Vertragsexemplars zuzuschicken.
Wenige Tage später rief ich im Namen meines Vaters, der durch diese Vorkommnisse stark mitgenommen war und sich im Krankenhaus befand, beim Pächter an und teilte mit, wohin die ausstehende Pacht für zwei Monate überwiesen werden sollte. Darauf sagte der Pächter, es gebe überhaupt keinen Vertrag und er hätte nie eine Unterschrift geleistet. Er bemerkte noch, er würde gar nichts mehr machen, ich sollte mich mit unserem Anwalt in Verbindung setzen. Eine weitere Unterhaltung lehnte er ab.

Der Anklagevorwurf gegen Pächter und Schwager lautete auf gemeinschaftlich begangene Urkundenverdrükkung – Pardon: -unterdrückung (§ 274 Strafgesetzbuch).

21. Unlustgefühle

Polizeilicher Feststellungsbericht:

Wir erhielten den Auftrag, zum Club „Eros“ zu fahren. Dort sei es mit einem Besucher und seiner Auserwählten zu Streitigkeiten gekommen.
Vor Ort erwartete uns der Anrufer und berichtete, daß er mit der Tanja Z. für 50,– DM den GV vereinbart habe. Im Arbeitszimmer der Z. habe er sich eines Nebenprodukts der Verdauung (Blähungen) entledigen müssen, worauf ihn die Z., unter Hinweis auf sein ungebührliches Benehmen einer Dame gegenüber, des Raumes verwiesen habe, ohne den GV gestattet zu haben. Die bezahlten 50,– DM habe er nicht zurückerhalten.
Wir erklärten dem Anrufer nun, daß hier lediglich ein Personalienaustausch zu veranlassen sei, begaben uns mit ihm in den Club und übermittelten ihm die Personalien der Z. Dem Anrufer wurde vom Wirtschafter des Clubs außerdem Hausverbot erteilt. Damit schien der Anrufer zunächst einverstanden.
Nachdem wir mit dem Anrufer den Club verlassen hatten, verlangte er von uns die Aufnahme einer Strafanzeige. Das lehnten wir unter Hinweis auf die Sittenwidrigkeit des von ihm geschlossenen Vertrages mit der Z. ab. Daraufhin wurde der Anrufer, der merklich unter Alkoholeinfluß stand, ausgesprochen aggressiv und entfernte sich, wobei er uns unter anderem als „Arschlöcher“ bezeichnete.

Im letzten Fall, den ich Ihnen vorstellen möchte, pocht jemand auf sein Recht, an der Theke bedient zu werden, getreu der Devise, daß auch ein Betrunkener für voll zu nehmen ist. Die Begleitumstände führten allerdings zu einer Anklage wegen Beleidigung und exhibitionistischer Handlung.

... wird angeklagt,
durch dieselbe Handlung
a) andere Personen durch eine exhibitionistische Handlung belästigt zu haben,
b) andere beleidigt zu haben,
indem er
nach erheblichem Alkoholgenuß anläßlich des Schützenfestes im Schützenzelt zur Theke vorschritt, seinen Hosenstall öffnete und aus ihm sein erregtes Glied herausholte, mit dem er mehrfach auf die Theke klopfte, um ein Bier zu bestellen, worauf ein Raunen durch die Festteilnehmer ging, und durch diese Handlung insbesondere die beim Essen befindlichen Eheleute K. und M. Unlustgefühle erlitten.

Ich wünsche mir, daß sich Ihre Unlustgefühle bei Lektüre dieses Buches in Grenzen hielten, und möchte mit einer Grußformel schließen, deren sich ein Briefschreiber bedient hat, um damit dezent auf sein elegantes Englisch hinzuweisen:

Alles-Ollreit.

Christoph Gutknecht bei C.H. Beck

Ich mach's dir mexikanisch
Lauter erotische Wortgeschichten
2004. 245 Seiten mit 8 Abbildungen. Paperback
Beck'sche Reihe Band 1592

Pustekuchen!
Lauter kulinarische Wortgeschichten
2. Auflage. 2002. 288 Seiten mit 12 Abbildungen. Paperback
Beck'sche Reihe Band 1481

Lauter blühender Unsinn
Erstaunliche Wortgeschichten von Aberwitz bis Wischiwaschi
3. Auflage. 2003. 228 Seiten mit 4 Abbildungen. Paperback
Beck'sche Reihe Band 1431

Lauter Worte über Worte
Runde und spitze Gedanken über Sprache und Literatur
1999. 391 Seiten mit 25 Abbildungen. Paperback
Beck'sche Reihe Band 1317

Lauter spitze Zungen
Geflügelte Worte und ihre Geschichte
3., überarbeitete Auflage. 2001. 292 Seiten mit 11 Abbildungen
und einer Tabelle. Paperback
Beck'sche Reihe Band 1186

Lauter böhmische Dörfer
Wie die Wörter zu ihrer Bedeutung kamen
7., durchgesehene Auflage. 2004. 212 Seiten. Paperback
Beck'sche Reihe Band 1186

Verlag C.H. Beck München